自業

一生成就，九大心法，
開啟被動收入人生

中華民國多層次傳銷
商業同業公會祕書長

徐國楦 ——— 著

| 推薦序 |

學習心法，而非學習方法，才能成就大自業

中華民國多層次傳銷商業同業公會／理事長
雙鶴集團企業股份有限公司／執行長
古承濬

在獲悉徐祕書長要出這本書時，我覺得再適合不過了。在他擔任傳銷公會祕書長期間，接觸許多成功的傳直銷商，擁有業界少數具跨領域、跨產業的視角，讓他更能以宏觀的角度整理出一套成功的脈絡，非常值得傳直銷商借鏡、學習，思考該如何經營出自己的事業。

年輕的時候，我就希望能夠擁有自己的事業；在剛出社會時，曾經做過公務員，然而當我體認到主管就是我未來的天花板之後，便辭去工作，決意尋找一份有著無限空間的事業。

這本書讓我回想到最初投入傳直銷事業時，我下的決心有多大。在此之前，我創業過好幾次，但都以失敗告終而跑回企業裡做業務。在反覆循環下，讓我對做事業有強烈的恐懼感，幾次創業失敗的經驗讓我倍感憂慮，懷疑自己再也找不到成功的途徑了。

因緣際會下我參加了一場 OPP，初次認識到傳直銷的商業模式，領悟到只要透過分享的力量就能擴展出無限的事業，當下深受震撼。這是一個不像一般創業那樣投入無底洞的資金與龐大的成本，而是只要努力就可以成功的行業。聽完 OPP 之後，我激動了好幾天都睡不著覺，我認為我命中注定就是要做傳直銷。

　　為了做傳直銷，我戒煙戒賭，還把我的長髮剪去，留個俐落的平頭，穿上西裝，讓自己成為普羅大眾都可以接受的標準，也永遠離開了對我來說難以割捨的賭桌。我下了很大的決心，因為我知道如果再不把握這個機會，生活會越來越慘，這是個能讓我翻身的機會，也是我人生的一大轉折點。

　　一直以來，很多傳直銷商認為只要跟著公司、跟著團隊、跟著制度系統走，就一定會成功。但在追求的過程中，卻忘了「心」的重要性，導致在面臨許多挫折後就黯然退場。從我投入傳直銷至今，我就不忘初「心」堅持做下去，這才讓我擁有今日的成就。

　　經營傳直銷三十多年來，一路走來所碰到的狀況對應此書的九大心法，都有其契合之處，我有很深的體會，也有新的啟發。人生的成敗不在起跑點，而是在讓人生變得不一樣的轉折

點。人總是要幾經尋覓後，才更清楚自己所要的，這九大心法
非常值得傳直銷商學習和思考。

在經營事業時，隨時保持對的觀察，也要時常回到初心，
才能走在對的方向。為了達到終極目標，除了建立團隊，更要
用同理心來帶領，再用智慧發揮團隊的潛能。對我來說，這是
種自我承諾，這樣才能真正把團隊帶好。

本書所歸納出的九大心法，對任何一個經營組織的傳直銷
商都有切身實際的用途。「快速」是現在許多人所追捧的傳直
銷成功之道，但這些都是方法，能很快學會，也很容易失敗。
所以需要用這九大心法去走出屬於自己的速度，而不是盲目的
跟進。

想要實踐這些心法，看似簡單卻也困難，因為要與之不斷
的精煉、搏鬥才能淬鍊。相信這本有觀念、有行動又能應用的
書，一定能讓您有所收穫。

自己能決定的「自業」

中華民國多層次傳銷商業同業公會／副理事長
法翰企業股份有限公司／總經理
陳力楡

　　以前從做一個萬能員工到當老闆創業，歷經過許多波折，對我來說都是要去突破自己的磨練。直到投入傳直銷事業後，我才真正理解到，什麼叫做能自在的自己決定的事業，自此之後，我便將傳直銷做為自己的「自業」來經營。

　　願意謙虛調整自己的想法，放下無謂的堅持，才能看到對的方向，並且把握好機會；而後更要去承擔選擇接下來的一切事物，傳直銷事業的成功，是有團隊的成功才能成就的。在我承擔起自己所選擇的這條經營自業之路後，我也承擔起團隊的發展，並用心去對待如同家人般的團隊成員們，這才是真正善用人脈之道及建立團隊之心法，如此一來，才能真正開闢出屬於自己的成功之路。

　　打造自業是一趟需要強大意志力的旅程，面對許多困難，更需要用心法去帶領。書中的每個概念都非常淺顯易懂，但卻

是最常被忽略的，需要用心去體會。如果您想從書中看到具體做傳直銷的方式，那必然會失望，因為這本書所提供的，是更多更重要的思考與行動方向的心法，這些都是為了要讓您發展出屬於自己的「自業」。

在傳直銷事業經營中，「簡單的事重複做」是最為關鍵、這也是我一直以來所秉持的心念，因為我知道，唯有如此才能累積出豐碩的結晶。而本書作者徐國楨以生動的故事及實例，歸結出獨特的見解和方法，說明在這個時代裡，人人都可以打造自己的「自業」！

選擇比努力和聰明來的重要

中華民國多層次傳銷商業同業公會／副理事長

俊達生技股份有限公司／創辦人

謝進興 博士

作為傳直銷商，有一個很大的責任是「永續」，無論是經營事業或是帶團隊，在這之前需要有「存在價值」來做為核心的支撐。選擇一家有存在價值的公司，才能跳脫賣商品的格局，永續經營出自己的事業。

選擇一家擁有文化精神和有差異化產品的好公司後，再檢視公司成立的動機。擁有良善立意並肯負起責任的公司，才能做為你強大的支援，讓你所經營的組織體系長長久久，配合你所發展團隊的規模，讓存在價值擴展延續下去。萬一遇到一個來意不善的傳直銷公司，再努力也會是一場空，所以選擇要對，努力才不會白費。

當選擇了動機良善又肯承擔的公司後，就回到自己的動機上。當你要創造自己的事業，就要去承擔在發展過程中的所有狀況，要去面對自己所選擇的方向，也要去判斷所選擇的路是

否符合自己的期望。

　　本書所提出的九大心法都很重要，也適用於一般傳統行業，但在傳直銷業裡是最能發揮到極致的。運用這九大心法，能夠去評估一家公司，也能檢視自己的狀態，更可以關照到團隊整體的運作。

　　開卷有益，本書能成為你的加分的教材，能夠理清一些概念，並且在消化後為己所用。更重要的是，能運用到自己與團隊身上，再透過培訓的強化與人的凝聚，將所累積的能量激發出來。

先要有「心」才能發揮使命感的力量

中華民國多層次傳銷商業同業公會／副理事長

八馬國際事業有限公司／創辦人

王文欽 博士

發揮心念的力量，遠比擴展技能來得重要，只要翻閱這本書，就能得到那把關鍵的鑰匙，經營出一個有心的事業。

習慣於接受別人傳授「答案」的人，可能得用點心思才能讀通這本書。本書不同於一般教導如何經營傳直銷事業的書，只是直接告訴你一個方式和步驟。因為經營傳直銷事業不像一般做生意是有侷限性的，而是給一個「方向」或找答案管道，讓傳直銷商在經營事業時所遇到的形形色色問題，都能有一套邏輯心法來加以運用。

擁有心法後，就要勇於設定目標，擬訂計畫去勤奮實行和分享出去，無論遇到什麼困境，都是加深自己做為傳直銷商的使命感。擁有這份使命感後，就能由衷散發出自然又堅定的力量，才能與人建立起有心的溫度的連結。

誠摯推薦這本好書給想將傳直銷當作永久事業但無從入

手，或是經營一段時間卻仍覺得迷惘的夥伴們，相信能讓您有所收穫！

也敬佩徐國楨祕書長將他的經營心法與讀者分享，不但能協助許多投入傳直銷事業的人有正確的經營心念，也讓傳直銷商知道如何善用心念的力量，以循序漸進的方式，引導讀者理解、實作、印證，進而內化後，來創建屬於自己的永久事業。

一點就通的成功自業

財團法人多層次傳銷保護基金會／第一屆董事
方龍海

　　作為「財團法人多層次傳銷保護基金會」第一屆董事，為達到替傳直銷業盡一份心力，我投入了很多心力，以促成傳保會的成立及運作。同時站在「傳直銷商」的身分立場，更希望傳保會能幫助保護更多初入傳直銷行業及正在奮鬥的傳直銷商，為他們鼓勵加油！

　　我的好友徐國楨，擔任多層次傳銷商業同業公會的祕書長，出版本書分享他在傳直銷的經歷，並將經營心得有系統的介紹，以鮮明的故事與案例來說明，嘉惠給正在奮鬥的傳直銷商朋友作為經營上的指引。這是一本「實踐」的書籍，與我的理念共鳴、契合，樂為之序。

　　回想童年灰晦苦澀的日子，小學在火車站擦皮鞋，中學送報紙，高中在補習班當小弟打掃教室、發講義。當兵回來為了工作當推銷員，卻掉入當人頭的遭遇而出入法院多次，生活困

頓，苦不堪言。

那時期的人生低潮又悲觀，支撐自己活過每一天的，竟是晚上睡覺時，閉著眼自己對自己說：「好好睡，讓我眼睛張開時，能看到明天的太陽。」

就這樣，有一天、沒一天的過著日子，直到 35 年前 (民國 71 年左右) 的某一天，在朋友的介紹下去圓山飯店參加了一場傳直銷的說明會。就在那一天，我才知道什麼叫做「夢想」，我才敢有自己的夢想，也才知道自己想要什麼、想過什麼樣的生活；從那一刻開始，我就投入了傳直銷，並把傳直銷事業當成了我的「自業」。

本書講到「做對的事情」，一開始我有夢想、有目標，也很努力，但事實上我不會做，因為「成功是要有方法的」。在做傳直銷的前十年幾乎都在摸索，沒多大起色，還好我「堅持」下去，挺過來體認到傳直銷的真諦後，才有今天的我。

十年和幾年的差異在於「做就對了」，在本書第三個心法中有提到，簡單到令人忽略和懷疑，但實際上確實如此，我自己也經歷過。有許多人認為「做就對了」，可以很快就達到成功，但卻掉進摸索、碰撞、迷惘的狀態，以致無法接近成功。其實只要按部就班，就能亦步亦趨達到成功，只是很多人為了

求快，就忽略長久了。

　　學會一件事情很簡單，每家公司都會教傳直銷怎麼做，大家也都很會做傳直銷。但要把傳直銷做成功，有一個因素不可或缺，就是「自我溝通」。自我溝通其實就在起心動念時，這在本書的第一個心法中有提到，要透過和自己溝通，清楚自己真正追求的東西，也要敢去夢想，在這裡也有人會協助你完成夢想，因為這是和自己生命息息相關的。做自業是要做長久的，要成功是來自於持續的累積，這個累積是來自於複製，而複製也是來自於持續，這樣的正循環下才能真正成功。

　　本書的九大心法，在作者的融會貫通下，串成了一個正循環的概念，一旦養成這九大心法，做傳直銷就能如呼吸般自然。不論身處任何狀態，讓人能行雲如流水般的運作，也讓夢想得以實現，透過正確有效的心法來經營，將是本書可以帶給各位的最佳價值！

| 推薦序 |

能幫你晉升到極佳狀態的心法

安麗國際日用品股份有限公司／皇冠大使

卓越國際公益協會／創辦人

台灣直銷產業工會／創辦人

第十五屆世界傑出華人獎

財團法人多層次傳銷保護基金會／第二屆董事

許旭昇

身為一個傳直銷商，該如何讓自己擁有最好的狀態、來管理自己、帶領團隊、經營自己的事業，本書能告訴你，怎麼讓自己擁有極佳狀態。

傳直銷業是個有樣學樣的事業，打從加入事業的最初到經營事業，這過程中的學習態度、行動力，到自我管理與做人做事的品德，都能成為別人的榜樣。這些榜樣都是藏在小細節裡，這是打造一位領導人的關鍵，更是讓人會追隨你，認定你作為領導人的理由。

要建立一個很強的團隊，不一定是匯聚很多最優秀的領導人，若每位領導人對同件事的想法、說法、做法都不一樣

時，團隊會因而陷入混亂而無所適從，這對團隊來說是很大的衝擊，有時會看到一些很難以言喻的情況發生，有人講課很動聽，有人溝通技巧很強，也都非常努力，但是團隊就是帶不起來。這是因為，組成最強的團隊不在於誰是最厲害的人，而是讓團隊成員在思維、想法、行動上都能夠一致，這樣團隊一定強、一定成功。

我所認識的國楦，就是一位將自創的九大心法完全實踐在一念一言一行之中，隨時都保持著極佳狀態，從他過往深厚的傳直銷商歷練，到現今身為傳銷公會的祕書長，接觸過這麼多領袖級傳直銷商與傳直銷公司，更能以極高的視野來看待，用最不偏頗的角度來提出一套模式。

我認為這九大心法可以讓人變成極佳狀態，從新加入的人到初級領導人，甚至對團隊資深領導人都能適用。對團隊而言，若每個人都用這九大心法來保持極佳狀態，再能讓團隊成員所想、所說、所做的都一致，這個團隊一定是勝利的團隊。

| 推薦序 |

值得用來創造
生命價值與推薦活用的九大心法

中華民國多層次傳銷商業同業公會／顧問

林冠緯

　　從經銷商、訓練師、顧問到專業經理人，我的人生大半輩子都投身於傳直銷產業。在傳直銷產業裡，國楨算是我認識的人當中，把傳直銷精神發揮得最淋漓盡致的人。

　　十多年前認識他，當時他正從中國回到臺灣來，就投入傳直銷產業當經銷商。一路走來，他從初入行的生澀感，到如今是站在大舞臺上的金牌訓練師，國楨真的是值得我推薦的人。

　　在他上本《志業》一書中，我願作他沒有屬名的亦師亦友的好兄弟。如今他的第二本鉅作《自業》出版，我必定要用力推薦一番。

　　回臺之後的他，在人生的下半黃金階段，付出全部時間、精力，投入在多層次傳直銷產業；一個在臺灣超過 30 年的產業，卻沒有一個行業公會能代表挺身說出產業聲音，這實在令

人匪夷所思。在他擔任多層次傳銷商業同業公會的創會祕書長至今，因他的起心動念與頻繁大力奔走，無形中建立了為傳直銷產業發聲的團隊。

公會如今正式邁向第二屆，過去三年來，國楨帶領行政團隊、展現強大的執行力，投入其中並策畫制定計畫，謀定而後動，使整個產業在他的運籌帷幄下，生動活潑了起來。使一盤散沙集結成一個團結向前的力量，這是讓在業界服務多年的我，最感到欣慰的地方。

細數公會這幾年的成績，我不得不說國楨展現了他的高度智慧；在會務推動的過程中，創立臺灣史上第一個讓傳直銷以專班的形式進入大學，這在過去是令人難以想像的，這個開創之舉，讓產業從業人員更可以放下過去身上沉重的包袱。

而另一個高度智慧的展現，是公會於今年推出傳直銷職人電影，大膽挑戰過去從來沒有的領域，在電影中教育社會大眾分辨合法正派的傳直銷以及非法吸金公司的差別。除了導正視聽以外，更讓傳直銷在國人面前扳回一城。對於多層次傳直銷產業現在及未來在臺灣向上進步的力量，他的貢獻我銘記在心，亦是眾人有目共睹的。

回想國楨的所作所為，我非常欽佩他在人脈拓展以及建立

公共關係這些層面上的專業素養；他將過去在立法院擔任十餘年國會助理的過程中，所結識的許多朋友及資源，都成功轉化成良好的助力，並依此建構與政府部門溝通的最佳橋梁。若是一個沒有責任感、沒有高度智慧或是不懂得把握機會的人，是不會像國楨一樣能將產業提昇到一個完全不同的層次。

如今國楨發表他的第二本著作《自業》，我欣然向社會大眾推薦此書，希望大家能多閱讀此本佳作。藉用他長年所累積的經驗以及智慧的結晶，讓各位讀者未來的人生道路上，產生一個顯著性的影響，為社會國家培養更多俊傑。

從「志業」到「自業」，
一個掌握自己人生的歷程

　　2016 年我推出第一本書《志業》，得到廣大的回響，有來自臺灣北、中、南各地的回饋。我很高興有這麼多人從該書中得到啟發，能夠對推展事業有所幫助。

　　但我也留意到另一種聲音。好比好友們跟我說：「國楨，這本書我很喜歡，但是《志業》講的是心態面，對於我們這群認真從事傳直銷多年的人來說，態度不是問題，我們都願意用心投入。但重點是如何去做？我們還需要觀念來指引。」緣由於此，所以有了這第二本書——《自業》的誕生。

　　在《志業》一書中，我整理了多年來在傳直銷業培訓的寶貴經驗，整合出「4A」的哲學，亦即 Attitude（態度）、Aggressive（積極）、Ambition（野心），以及 Advance（進取）。並且借用撲克牌裡一個術語，所謂 4 張牌 A，構成「鐵支人生」。這雖是我於傳直銷業巡迴教育培訓的課程精華，但其要

領適用在各行各業，包括許多在傳統產業服務的老闆或高階經理，也都惠予肯定。

到了第二本書，也就是讀者手上的這本《自業》，我想要強調的是可以實際落實的「觀念」，當心態正確了，卻不知如何著手投入事業時，相信這本書可以提供實用的指引。

具體來說，我們選擇了一份可以投入的傳直銷事業，依照本書闡述的九大步驟，從第一步「起心動念」做起始點，接著第二步「建立團隊」，之後就是很重要的「開始行動」了。

「心態對」是重要的，但更重要的是做事的「觀念對」。這許多年來，我在多層次傳直銷領域輔導過許許多多的人，我看到一個現象，做為一個新事業開始，他們都很認真想有一番作為，可是好像有個錯誤的思維，總認為要選擇一家全新的公司才有遠景。其實公司只是提供一個舞臺，只要制度合法、產品合格、理念合意，那就可以開始經營。

重點不在公司新舊，而在你的「心」是否啟動，所謂「向上學習、向下發展」，這是所有傳直銷公司共通的做事精神與方法，不分北中南、不分產品性質，都是如此。做的「人」才是事業的核心，因此才需要「起心動念」。

有人問我，有「志業」就很好了，為何還需要「自業」？

我跟他說：「『志業』很重要，各行各業都需要，但對於傳直銷產業來說，更強調『自業』，也就是自己的事業。」

怎麼說呢？舉個例子吧！當你投入一個傳統產業，好比說加盟連鎖事業，你加盟了一家店，在某個地點經營有成，那恭喜你闖出一片天。然而，接著要做什麼呢？你想拓展第二家加盟店，可能就不一定可以「獲准」了。為什麼？也許你看中了一個不錯的點，你想把第一家店的成功經驗移植過去，可是，對不起，總公司不同意。理由呢？誰知道？可能同時有另一個人看中那個地點想經營，或是老闆根本不希望讓你事業擴張太快。總之，最終「決定權」並非掌控在你手裡。

事實上，在傳統產業裡多的是這類案例，做得好反而發展不順的情況比比皆是。像是公司裡的明星業務員，最後因「功高震主」，而被莫須有罪名排擠；或者企業合夥人中，有能力的人越做越大，卻擋到了其他合夥人財路，搞到後來不歡而散，這些都是傳統產業屢見不鮮的例子。

唯有在傳直銷產業，一個有才能、肯做事的人，才可以得到真正的發揮。

今天，你選擇投入一家合法的傳直銷公司，從正式簽約成為傳直銷商後，你就得到了「自然授權」，你真的可以據

此「完完全全」的發展組織。這是一種「無限」的概念，只管衝就好，你衝的版圖越大，公司就越歡迎。

所謂「無限」真的就是沒有任何限制，例如也許老闆有一天問自己的姪女：「要不要加入我的傳直銷體系啊？」

姪女說：「不行！因為我已加入你們公司另一位經理的旗下了。」此時老闆也只能摸摸鼻子，暗自稱讚那位經理動作好快，連老闆的家人都成為他的下線。但老闆絕不會因此干涉你如何發展，這就是「自然授權」，這就是完完整整，可以讓一個人真正發揮到極致的「自業」。

想擁有「自己的事業」，傳直銷體系無疑是最佳選擇。我希望透過本書，讓有志發展「自業」的人，都能得到很好的遵循依歸，讓本書建立的理論與實用系統，可以真正落實成為每個人的財富。

為了讓本書更加充實，我也很榮幸邀請了幾位在傳直銷產業很有經驗、本身地位都非常尊崇的重量級多層次傳直銷企業家及高階經理人，分享他們對「自業」的看法。希望各位讀者能夠有更大的獲益。

在此也感謝以下重量級人士提供他們寶貴的經驗智慧：

雙鶴集團企業股份有限公司執行長古承濬、法翰企業股份

有限公司總經理陳力榆、俊達生技股份有限公司創辦人謝進興博士、八馬國際事業有限公司創辦人王文欽博士、財團法人多層次傳銷保護基金會第一屆董事方龍海、安麗國際日用品股份有限公司皇冠大使許旭昇、中華民國多層次傳銷商業同業公會顧問林冠緯。

　　你，準備在「自業」有所突破，建構自己的美好人生嗎？這本書正是為你而寫的。

　　祝你展讀愉快，事業順心。

| 緣起 |

從一封提問信開始……

國楦老師您好：

　　抱歉！占用您的時間。

　　幾個月前，我參加了ＸＸ團隊所舉辦的訓練課程，當時的授課講師是您，這是我第一次聽您的課。兩天的課程聽下來，您從自身的故事，一路慢慢的道出從事傳直銷應注意的態度與做法。您用簡單易懂的故事與生活瑣事，及輕鬆幽默的口吻，搭配您適切的肢體語言，還有輕鬆活潑的活動，讓我瞭解且體會到傳直銷的真諦與運作的方式。

　　上個月我聽說您出了書──《志業》，我買回來仔細研讀後，更讓我清楚瞭解，我要用什麼樣的態度去面對我所從事的傳直銷事業。

　　提筆寫信給您，是要謝謝您，願意花時間把您的想法與授課的內容整理成冊，讓我能在發展自己的傳直銷事業時有所依據，也讓我在面對問題不知所措的時候，從翻閱您的書而找到答案。

更能讓我用這本書與我的伙伴分享傳直銷的真諦與意義，也同樣解決他們的問題。所以我一直很推薦我的伙伴及身邊從事傳直銷事業的朋友們，一定要擁有並細心閱讀您這本書。

另外，我也想問問國楨老師，這是我在您書中找不到答案的問題。

我的問題是這樣的。我常用您書中提到的「４Ａ概念」，和我團隊的伙伴們分享，他們都很認同，也都依照此準則去執行，但我總覺得他們做起來卡卡的，不知道哪裡出了問題？若以態度面來看，似乎沒有太大問題，若以做法上來說，也都有依照團隊教導的做法去做，但他們一直都做不好，常跟我訴苦與求救。

我翻遍了您的書籍，比對了他們的問題，再用書中的方式，指導他們要調整的行為準則，卻不見有太大的成效。

國楨老師，是我用錯方法？還是他們嘴上說懂，卻沒有真正理解您在書中所提的概念？又或是我們團隊的運作方法只適合我，並不適合我的團隊伙伴？我知道您的時間寶貴，但還是想請國楨老師幫我解惑。

等待您的解答。

臺北葉小姐敬上

從我開始授課到《志業》這本書發行以來，一直都會有一些感謝信與提問信寄來，我只要一有空檔，都會趕快回信，謝謝這些來信的朋友們對於我的 4A 培訓與《志業》這本書的喜愛與運用，也一一回覆他們的提問。雖然多半我都無法在第一時間回信，但我一定親自回覆，並協助解答他們的問題。

前面的這封信，是眾多朋友們來信提問的其中一封，我發現信中的提問，與大部分來信提問都很雷同，不外乎是上述信件的狀況，我也很快的花了一些時間，回覆了她的問題。

▲ 追求速效的社會

這封信的內容問題實屬常見，之所以讓我選用這封信作為這本書的開端，是因為葉小姐並不是用電子郵件寄信給我，她是用信紙、用筆寫下了這封信，再將信放入信封、貼上郵票，透過郵局寄到公會給我，因為這份特別的心，讓我決定用她的信來開始我的寫作。

首先，我想與各位朋友先來聊聊我個人對於手寫信的看法，後續再針對信件內容所述的問題來討論。

現代人因為生活工作忙碌，加上電子產品與通訊軟體的普及，往往會選擇最快、最有效率的方式來傳遞信息。所以我們

常看到人手一支手機或平板，他們低著頭，飛快的在上面按著鍵盤，然後將訊息傳送出去。這樣的現象，衍生出好幾種我們十多年前看不到的問題：

1. 人們看手機的時間變多了，但人情味變少了。
2. 聚會等待時，抬頭交談變少了，低頭玩著手機變多了。
3. 通訊錄中的朋友變多了，但深交的朋友變少了。
4. 朋友生活圈變大了，但行動的範圍變小了。
5. 還有很多很多……

我不是生活觀察家，無法列舉出一切的變化，我只是因為收到葉小姐的親筆來信有感而發。

每次進公會辦公室時，同事總會拿一大疊信件過來給我，多數是廣告信，其中夾雜著幾封例行公文信件。我總習慣性的回到辦公桌上，先打開電腦收信，再打開公文信件，一一檢查與收存，才開始我一天忙碌的工作。

這一天，我一如往常走進公會，從同事手中接下了一疊信，走到了我的辦公桌，當我把這疊信擺到桌上時，從散落的信中，有封再平常不過的信封吸引著我。這封信上沒有任何僵硬的印刷字，每一個字全部都是用手寫上去的，信封上還貼著平信的郵票。我的好奇心讓我還沒打開電腦就先拆閱了，而信

的內容，就是最前面大家所看到的。

信的內容雖不特別，信紙也很普通，卻讓我連續好幾天都把這件事放在嘴邊，逢人就提。我提的是手握手寫信紙的暖心，我提的是眼看手寫字體的用心。這是十多年來，在 3C 產品普及下，鮮少再出現過的景象。

但多數的朋友反應卻很平常，反倒認為這位葉小姐太過慎重其事，但我卻決定把這以前很普通的行為動作，做為我這本書的開端。

在一切求快、求方便的現代社會中，提筆寫信，貼上郵票，走出門寄信，都是違反現在思維想法的行為，所以葉小姐的行為舉止反而變得很特別。

我想探討的是行為與想法的問題，而不是電子郵件好還是信封信紙好的問題；現代社會整體不斷轉變成求快、求方便的型態，伴隨著我們的行為與做法也不斷跟著改變，但行為與做法的改變，其實是來自於觀念這個源頭的改變。

人的行為舉止，若從源頭上來探究，一切皆因觀念，當觀念想法不同，心態上也會產生不同，自然就會產生不同的行為模式。

舉例來說，有兩個人，一個觀念上認為世上有鬼，一個認

為沒有，當我們把這兩個人各自放在一個獨處漆黑無人的空間時，這兩人一定會有不同的反應。認為世上有鬼的，心態上會不太願意一個人在幽暗的環境獨處，若有一點奇怪的聲音，都會讓他有過度的驚恐反應；至於另一個人，最多只是好奇聲音來源與發出聲音的原因。

人的行為其實都來自「觀念」這個源頭，觀念是這樣，心態與行為自然是這樣。雖然觀念與心態很難用文字說明區分出來，這部分是屬於心態面還是屬於觀念面，只要仔細判斷與分辨，還是可以分得出來。

我自己的解讀是這樣：「觀念」是一種想法、是一種自己的認知、是行為準則的源頭；而「心態」是行為的依據、是想法的延續。這兩者看似雷同，卻又不盡相同。

從事傳直銷的朋友應該很常聽到這句話：「從事傳直銷事業，要有老闆的心態。」

這句話從字面上看起來沒什麼不對，卻隱藏著值得討論的空間。我相信只要從事傳直銷行業的人，一定聽過這句話，多數人也會以這句話為出發點去行事。但問題是：

老闆的心態是什麼？

老闆又有什麼樣不同於員工的心態？

沒當過老闆，要如何揣摩老闆的心態？

理論上來說，這些話都沒錯，只是不夠明確，不夠明確指出老闆有哪些我們值得去學習與做效的心態，我們只能模仿到他們外在的行為或行事風格。也正因為如此，能在傳直銷領域中做得好的人，比例上並不高。

如果我們將這句話改成：「從事傳直銷事業，要有當老闆的想法。」此時，這句話要討論的議題與空間，就會變成：

我準備好當老闆了嗎？

我當老闆能做得好嗎？

我沒當過老闆，我能勝任嗎？

當老闆我要做什麼事呢？

我們會發現，問題會從開放性的議題，變成集中在自身及做法上。原因就在於觀念、想法改變，心態就會改變。**當心態改變，行為自然不同，結果也就不同了。**

現代社會談速效，並沒什麼不好，這代表著社會的進步與效率的提升。但若因此丟掉了最原始的念頭與想法，凡事只求速效，不盡然會產生反效果，但一定會缺乏一些東西，一些看似不重要、卻能夠溫暖與打動人心的東西，這也是我為何選擇這封提問信做為這本書開場的因素。

她與其他人一樣來信問候並提問，不同的只是她選擇用信紙寫信，寫下滿滿的文字以平信寄出，而別人選擇用電子郵件，圖文並茂，還附上相關連結。在別人早已收到我的回覆與答案時，她的郵件可能還在郵局或在郵差的郵務包裡，尚未送達。又有可能在遞送的過程中，產生遺失、毀損、髒汙等問題，就算沒這些問題，她失去了能在第一時間得到回覆的先機。

你覺得她這樣做很傻嗎？不！我覺得她很聰明。她雖然慢了一步得到她要的答案，但她得到了我特別的關注，得到了我特別將這個事件放在這本書的開頭。

速效是行為，是一種期待快速擁有結果的行為，但若把速效當成觀念，想法上凡事只求速效的話，失去的反而比得到的更多。

我之所以特別關注葉小姐，並非她有過人之處吸引我，而是我在她身上看到了那份用心。不論她的出發點為何，那封不是只為了求解答的信，而是願意花時間讓我注意到她，進而關注她的心。這不正是傳直銷的精神與從事傳直銷的心嗎？

傳直銷的基礎，本來就是人與人的接觸，速效的工具只是提升我們與人大量接觸的機會與方便性。但若觀念想法轉變，人與人接觸的目的變成了期望的結果，那就等於出發點改變

了。當心改變了，傳直銷還是傳直銷嗎？

　　「從心出發、從新開始」是我在「4A概念」中不斷倡導並提及的觀念，也因為如此的概念與出發點，讓我贏得了現在的高度。

　　速效不是不好，但它只是工具，心還是要保有，那才是源頭。接下來，我們再來討論信中所提問的問題，這也是我提筆寫下此書的起源與念頭。

▲ 從職業、事業、志業到自業

　　我在《志業》書中提出4A的概念，全部都是心態準則面。心態的調整固然重要，但在心態調整前還有一個問題也很重要，那就是「觀念」。

　　信中提到的問題雖然很籠統，看似不知該如何回覆，但她的問題其實很簡單，就是觀念上的問題。在觀念上，她的伙伴未能有所認知，所以即便心態上調整好了，做法上也都一致了，但就是會卡卡的，總是不知道哪裡怪怪的。

　　我們從兩個行為模式相同的人來看，一是傳直銷商，一是傳直銷公司聘請的傳直銷商輔導業務人員，兩種人的工作內容其實大同小異，都是在介紹與分享產品，解說並解答疑惑，但

這兩種人最後所獲得的卻大不相同。原因在於傳直銷商是為自己而做,而公司的業務人員則是因為這是一份工作,所以不得不做。即便兩人的行為相同,工作態度相同,付出的時間也相同,但因出發點的不同,所獲得的結果也一定不同。

這兩種人的結果差異,便是來自於觀念上的不同,傳直銷商是以「事業經營」角度來看待自己的行為與心態,而公司員工則是以「這是我的職業工作」角度來評量。就算兩者的行為都相同,但結果就是不相同。

我剛從南京回到臺灣時,在苦無機會、沒有工作的情況下接觸了傳直銷,一開始我只是把傳直銷當作一種賺錢謀生的工具,它對我來說只是一種職業,所以我一直做得很辛苦,我在《志業》這本書中有提到這段故事。

直到我去上了課,認識了一位亦友亦師,同時是我現在的事業伙伴,我在他身上看到了不一樣的熱情與信念,因而讓我擁有把傳直銷工作從「職業」轉變成「事業」的想法,進而轉變成「志業」的念頭,而「中華民國多層次傳銷商業同業公會」的成立,也才能順應而生。

說到傳銷公會,不得不提到公會成立的這件事。當我還是傳直銷商身分時,經常與我這位亦師亦友的伙伴交換一些想

法，討論一些問題。我常聽到他說，他現在所擁有的一切，都是傳直銷這個產業給他的，所以他想回饋給這個產業。

我問他打算怎麼做？他說他有一個念頭與夢想，就是集合眾多在這個產業與他有相同想法的人，募集一定的資金後，成立傳直銷基金會。基金會的宗旨是為產業發聲，導正大家長久以來對這個產業的負面想法，同時協助有心卻無力投入這個產業的人。

他經常提起這件事，也讓我的生活起了變化。在我傳直銷事業經營得還不錯的時期，我接受了臺灣直銷媒體的邀請，為該媒體撰寫專欄，進而認識了該媒體的老闆。我向他提及此事時，他問我何不把這個概念想法實現？我回應他，因為這當中還有很多問題需要克服，如資金、法令、法規問題……等。

在幾次的腦力激盪下，我們想到從源頭解決，首先要先取得行業別的認同，再來成立傳銷公會，最後再取得政府的正視，這讓我開始投入籌組傳銷公會的前置作業。

初期我只是以傳直銷商和該媒體專欄作家的身分，到處拜訪各傳直銷公司的老闆及主事者，然而大多數得到的回應都很冷漠，再不然就是認為此事不可能達成，而採取觀望態度。

當這件事的進展陷入膠著時，奇蹟出現了。我去拜訪某個

傳直銷公司的執行長，說明我想做的事，他一口答應並願意出錢出力，這也讓公會的成立出現一線曙光。他撥了幾通電話給和他擁有相同身分的朋友，加上我們這群有相同理念的人，終於湊齊籌備發起人數的基本門檻，開始了傳銷公會的籌備。

　　至於所有籌備初期的全部資金，全由他一人支付，他也讓出了辦公室，讓我們有可以開會討論、籌備設立聯絡的地點。

　　我曾問他，難道不怕最後傳銷公會成立不起來，所有的付出都會付諸流水嗎？他回答：「我原本就很想為傳直銷產業做些事，只是不知道該如何做。而公會是非營利事業單位，本來就不是要求獲利的單位，如此更能為傳直銷產業做正確且公平的事。我只是拋磚引玉，讓更多人願意投入，至於回不回報，我沒想過。」

　　有了他的這番話與這份心，讓我更加賣力的想要完成公會籌組。籌備小組成立初期，我們面臨了許多困難。如法規上的政府管轄機關不知道是誰，所以無從溝通協調起；而公會成立後因無法可管；此外，因為沒有「傳直銷」這個行業別，所以應該是成立地方公會還是中央公會，都讓我們很頭疼。

　　我們花了近一年的時間，不斷的與政府機關開會、研議、討論，一次又一次漫長而無共識的會議，只為了讓公會成立。

在我們不懈怠的努力之下，終於讓政府同意通過行業規範，並由總統三讀通過《多層次傳銷管理法》，法案通過三個月後，公會終於得以順利成立。

傳銷公會成立後，需要有睿智的人來帶領公會，為傳直銷產業做些事。這份工作是無給職，又是吃力不討好的事，各方人士皆無心投入公共事務，最後便將目光朝向當時出錢又出力的那個人身上。幾經溝通與勸說，他終於答應出任傳銷公會創會理事長，帶領公會為傳直銷產業發聲，帶領公會做更有利於產業發展的公共事務。這人我想我不用介紹，大家都應該知道是誰，他就是古承濬先生。

從創會至今，公會成立三年多了。三年前，加入的會員公司只有現在的一半不到，如今成長了一倍。這三年來，我們促成了「財團法人多層次傳銷保護基金會」的誕生，讓從事傳直銷業的朋友有更多的法律保障與申訴管道。

另外，由公會延伸成立了「中華傳情遞愛協會」，讓傳直銷的善念，藉由非關利益的角度得以傳播。再來，透過教育部的協助，我們與國立臺北商業大學合作，開辦了多層次傳直銷產業專班，透過正規的教育與知識的傳遞，讓下一代能更認識真正的傳直銷。我們還開辦了傳直銷法學院，透過教育傳遞法

令法規的內容，讓傳直銷人能更抬起頭正視自己在做的事。

因為古理事長的無私奉獻，我也放下了傳直銷商的身分，接受他的邀請，到公會來協助他。

這三年來，我放棄了當傳直銷商能擁有的高收入，投入公會協助各方公共事務的推動。有人問我：「這樣值得嗎？」

以前我會說：「即使不值得，我也絕對不會放棄。」

現在我會說：「絕對值得！」這 180 度的轉變，全來自於我想法上的改變，也就是觀念上的調整。

這觀念上的調整，是我把這一份心轉變成為自己的心，若是為自己做，就沒有值不值得的想法。

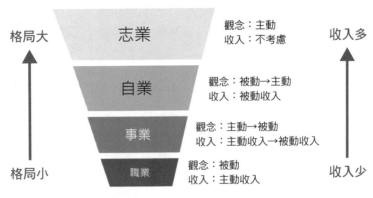

常有人講這一句話：「工作是為了賺錢。」如果工作不是為了賺錢，而是有機會創造更大的財富，端看你現在是把工作當成是職業？事業？還是自業？抑或是志業呢？

在看待這件事時，有分觀念上與行動上的差別，而收入的來源也會有所不一樣。「職業」在觀念上是被動的，在行動上是主動的，因為是做別人交辦的事，而且有做才有錢，要主動才有收入，很難做自己想做的，也很難自發性的去做事；而以「事業」來講，觀念上是從主動到被動的，因為最初是自己要做的，因而收入上剛開始是有做有錢的主動收入，當事業穩定發展後，就能擁有被動收入；就「自業」來說，因為是自己的事業，在觀念上是主動去開拓的，就收入上來說，是從主動收入到被動收入；最後是「志業」，就不考慮收入了，在行動上是主動的，因為是自己要做的，沒有人勉強。很多老闆到最後已經不用去做事就有錢，但因他把他的工作當成願意去付出的「自業」在做，相對就創造了更大的財富。

古理事長也是因為這份心，讓公會才成立三年，就有如此的成績。他若是為自己的私利，這三年來不會有這些作為；同樣為傳直銷產業的同業，是彼此競爭的狀態，他若是只考慮到

自己公司的利益，他不會花這樣多的心力與時間，為產業發聲與推動。若是用利益的角度來說，這絕對是一份吃力不討好的工作，既要付出自己的時間，也沒有任何的利益回報。

這種以大格局的角度作為出發點，不以個人利益為考量，卻以自身做起的簡單想法，就是我這本書所要闡述的精神——「自業」。

我並不是要大家都放棄自身利益，只談公益。而是要以這本書來傳遞「自業」的最高境界與精神。這是多數人在從事傳直銷行為時，最容易卡關的地方，若我們能把這念頭想法開啟，植入到自己的腦袋，並以此做為所有行為的開端，就不會出現像葉小姐的伙伴所面臨的問題了。

▲ 志業是心態；自業是觀念

我在撰寫《志業》時，是用我在「4A 人生」的教育內容來引喻。「4A 人生」談的都是心態面，態度（Attitude）、積極（Aggressive）、野心（Ambition）、進取（Advance），我再依這四個 A 剖析了各四種應該注意的事項。

《自業》這本書最大的不同，就是**觀念的開啟**，我用每個人在從事任一行為時，都應具備的九種**觀念**去撰寫，並提供這

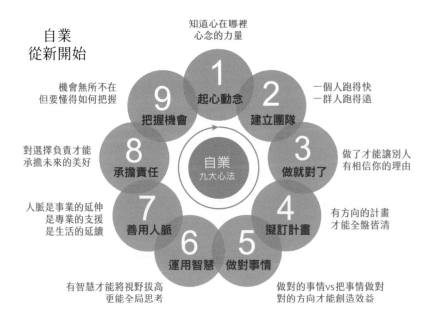

九種觀念的行動方針。雖然我是用傳直銷的角度來思索，我把它稱為「九大心法」，但您不論是從事哪一個行業，都能以這做為依據的心法。（如上圖）

簡單來說，「志業」是心態的調整，若您有想不透的觀念，或是不理解為何要調整這些心態面的問題，運用《志業》這本書提到的 4A 概念就可以了，時間一久，您就能從志業的心態，提昇至自業的想法。

若您想快速貫通觀念上的問題，可以仔細研讀《自業》這

本書，讓這九大心法打通您的正確觀念，引領您如何行事，讓您事半功倍。

《志業》寫的是心態，《自業》談的是觀念與行動，也就是「為什麼（WHY）」與「如何做（HOW TO DO）」。您可以把這兩本書單獨閱讀，用《志業》寫的心態去行事，完成您的 4A 人生；用《自業》所提供的九大心法與行動準則，成就您的大格局；也可以將其串連成一氣，心態面瞭解了，導正觀念後馬上行動。

但您必須瞭解到，心態與觀念不同，心態是行為的依據，觀念是行為的源頭。觀念沒有通，行為的方向就會出錯，即使行為是依據心態面的方式去執行。

舉例來說：「選擇比努力重要。」這句話的重點是強調要慎選，幾乎所有的傳直銷人都聽過這句話，也都會用這句話來跟他的伙伴溝通，但真正的情況是，還是有很多人做出錯誤的選擇，只從私利上考量去做選擇。短期來看，確實是對個人私利而言做了正確的選擇，但就長遠來看，傷了人脈、傷了信用，是不對的選擇。因為這不對的選擇，後面反而要更努力的去修補過去留下的傷痛，甚至無從修補起。

引發這樣的問題，其實是自己的錯誤選擇。會選擇錯誤，

其實是來自於觀念的錯誤。

選擇真的比努力重要。選擇正確了，可以少掉很多努力的時間；一旦選擇錯誤，就要花更多氣力去修補之前犯的錯誤。但要如何選？用什麼樣的依據選？選什麼才是好的？這些並沒有一定的規範，端看個人想要的是什麼，只要別傷了自己也害到他人，選什麼都好。再白話一點來說，就是選擇前的想法，這個想法很重要，想法對，選擇自然對。

《自業》這本書就以這樣的角度去發想和撰寫的，我用「九大心法」當做準則，從觀念面導通各位朋友，並提供行動依據。

有句臺灣俚語是這樣說的：「觀念那不通，一世人騎歐都醜偏風；觀念那有通，就ㄟ賽免陸、住別庄（臺語）。」（觀念若不通，一輩子騎摩托車吹風；觀念若通了，就會開賓士、住別墅。）

觀念通了嗎？馬上行動閱讀下去吧！

目錄

第 1 章　起心動念

隨時不忘初心，知道心在哪裡，
才不會偏移方向。

· 觀念篇／ 50　　· 行動篇／ 63

第 2 章　建立團隊

一個人的力量有限，組織的力量無限，
讓各個專才集合起來，才能一起達到目標。

· 觀念篇／ 76　　· 行動篇／ 90

第 1 章 起心動念

隨時不忘初心，知道心在哪裡，才不會偏移方向。

觀念篇 ⟶

在某個鄉村有一戶農家，家中住著一個年過半百的老人，過著獨居的務農生活。這老人家的隔壁有一間大牛棚，牛棚裡有一隻剛出生不久的小牛，這小牛是眾多剛出生的牛隻裡最調皮的牛，常常可以看到牠跑到牛棚外到處閒逛。

老人每次經過牛棚時，那頭小牛只要看到他，就會跑過來頂撞老人，作勢要攻擊老人，也常把老人要下田務農的工具撞壞。老人對這頭小牛越看越氣，然而因為老人每天外出務農時都必須經過牛棚，使得他每次出門時，都得探頭先看看那頭小牛是否在睡覺，時常還得提著農具快跑經過牛棚，深怕小牛又來搗亂。

老人心想：「我到底跟這頭牛結了什麼仇？每次經過，牠總是對我不友善，阻擋我的去路，甚至破壞我的工具，讓我延誤下田的時間，真是越看越討厭。」

老人一時惡念心起，心想：「好吧！我就買下這頭牛，把牠殺了，煮來吃個過癮！」果真他花錢買下這頭小牛。

　　就在老人買下並等待要宰殺這頭小牛的幾天後，老人再次看著那頭牛，開始覺得這頭牛似乎沒有他想像中那麼討厭，只是好動愛玩罷了。老人此時心念一轉，又想：「這頭牛大多數的時候都很溫馴，只有在我要出門下田時才會特別活潑，而且這頭牛多看幾眼，又沒有想像中討厭，不如就先將牠養著吧！」因為這樣的想法，這頭牛便一直被眷養在老人家中。

　　經過好幾個月後，有一陣子連續下了好幾天的大雨，引發了溪水暴漲，老人住的村落突然間到處淹水，而且水位不斷升高，眼看老人就要被滅頂了，這頭牛突然被水帶到老人身旁，老人攀坐到牛背上，他們倆一起被水帶到較高的地勢，順利躲過了這場劫難。

　　兩天後，大水漸漸退去，老人回到了家，看著被大水無情損害的家園，本以為自己無力重建家園，因為一切都不存在了。這時小牛走到他身旁，用牠的頭輕輕頂著老人，似乎在對老人說些什麼，這時老人看著牛說：「謝謝你救了我，也謝謝我自己的決定，還好當時沒有殺了你，我還有你，我們可以一起重建家園。」

　　若以宗教的角度來說，這是因果。起因念頭做了什麼樣的

決定與想法，就會產生不一樣的結果。若不談論宗教的說法，我的解釋是：想法、念頭決定行為，行為造就結果。

▲ 所謂起心動念？

一個人的成就好壞，最初的心念是最重要的因素，心的源頭是念，而念就是想法。

所謂的「起心動念」，指的是：「言行背後起了怎樣的動機，動了什麼樣的念頭。」

再把這四個字拆解來看，起為開始、心為心行、動為動機、念為想法，這四個字最為重要的是心。

在我剛回到臺灣，還沒投入傳直銷產業時，為了生活，我常利用我的專長——教育培訓，以及我熱愛公益的心，經常參與一些志工團體的邀約，培訓更多的志工朋友。每當我在課程結束時，總會把當天收到的講師費當眾捐出去，以做為我為這群新志工的行為典範。也因此，我接了非常多的志工團體培訓邀約，並且總以自己這樣的行為感到驕傲。

在我接觸傳直銷後不久，認識了我在傳直銷產業亦師亦友的兄弟，有一次我跟他提起這件事，他說：「你把志工培訓當做公益，但是你的收費行情已經是一般人的十分之一了，你還

當眾捐出去，這樣不但壞了行情，也害了其他授課的老師，你的想法有問題。」

坦白說，最初我不太明瞭他這些話的意思，以為他在提醒我收費要高一點，要接近行情一點。直到有一次相同的志工培訓邀約時，課程結束後，我依然慣性的把所得當眾捐出去作為典範。

課後工作人員跑來跟我說：「徐老師，謝謝您的善舉，也謝謝您今天的教導，我們想再邀請您下次來幫我們做培訓。」

我回答：「好啊！」

他接著說：「除了要敲定您的時間外，另外是否可以與您商量一件事，就是說您的講師鐘點費，可以不要在課程中說要捐出來嗎？」

我好奇的問：「怎麼了，這樣做不好嗎？」

他回答：「不是不好，您要捐出來，我們當然很高興。問題是您的收費很低，而您又說要捐出來，這樣對下一堂課上課的老師就會覺得很為難，也造成我們在排課上的困擾，因為大多數的老師都不願排在您的課程後面上課，或是事前詢問我們這次的課程是否有徐老師一起上課，才決定要不要來。」

後來我把這件事跟我的兄弟分享，我與他討論分析後，終

於瞭解他說我想法有問題的點在哪裡了。

　　我承認當時除了真心想要做公益、做示範外，收費只有行情的十分之一，原因是想要透過此舉，增加一些上課的曝光度與知名度，讓我得到更多培訓課程的邀約。但沒想到這樣不但沒有增加我其他課程的邀約，也沒增加我志工培訓課程的邀請，反而還造成了別人的困擾。

　　而這幾年來的課程邀約不斷，多到我的時間都排不下了。對於這些排不下的邀約，我只能婉拒，並感謝他們的器重。但我一直都沒停止捐出講師費的動作。算一算現在一年所投入在做公益的時間及捐款，幾乎是當年的幾十倍。

　　說這個故事，是要與各位分享「起心動念」。心行是善的，所以我收費低，不願讓承辦單位花太多錢。我的念頭是好的，所以我將鐘點費捐了出去，希望能拋磚引玉。

　　但其實我也希望增加自己的曝光度，並利用課程來磨練自己的培訓能力，而以超低價收講師費；為了能增加邀約次數，而在課堂中將錢捐出去，這兩個動機都不對，不但沒有真正幫到自己，反倒傷了別人。

▲ 起心動念是心的選擇

「心在哪裡，成就就在哪裡。」

所以我說：「從心出發，從新開始。」為何是「從心出發」？我在《志業》書中提過，當我提出這樣的想法，並把它寫出來時，身旁多數的朋友都說我寫錯了，都認為應該是「重新出發」才對，但我說不是。我的看法是，心是心行，心行不正，想法會偏，行為自然就會歪。而行為決定結果，所以一切皆為心。

我在《志業》書中用了大半的篇幅說明心態面，但心行不正，想法、行為依然是歪的，自然就無法運用心態的做法，來讓自己真正進入「4A 俱樂部」的境界。這也是我要再提筆寫下這本《自業》的原因。

多數人都不願意改變想法與做法，卻想要得到不一樣的結果，這是心態面的問題，不是觀念面；我在撰寫《志業》時發現，我剛投入傳直銷時的前兩年也是一樣，因為心態有問題，想法與做法不願也不想改變，依然用原本的方式，卻期待得到不一樣的結果，這結果就是花了兩年才發現一切都不是我所想的。如果我能早點醒悟，就不需要多花兩年的時間，而這個醒悟就是心態問題。

但心態並非觀念，觀念的導通，全來自於接受與不接受的

決定。觀念一旦接受了，行為自然就會朝向接受的那一個方向去執行。

若以傳直銷這個產業來說，傳與銷是不同的解釋，多數我所接觸那些不敢從事傳直銷的朋友，原因多半是「怕」。怕改變帶來的不習慣、怕改變後不確定的結果、怕因為從事傳直銷而被身邊的朋友嘲笑、怕自己做不好而丟臉。

前兩者是怕改變而不改變，所以索性就不敢從事；後兩者是怕面子掛不住而怯步。先撇除認不認同傳直銷這一個行業，「害怕沒面子」這個問題，其實就是標準的觀念問題，而非心態面。

心沒打開，無法接受，觀念不通，行為就怯步。

怎麼說呢？我舉個例，如果你現在要立馬趕去某個地方處理只有你才能處理的事情，但你發現你忘了帶錢包，也沒任何電子票券，身上沒有任何一毛錢。這時你發現路邊有一坨狗屎，狗屎上剛好黏著一張鈔票，金額足夠你搭車趕到你要去的地方。這張鈔票不只你看到，路上所有經過的人都有看到，可是就是沒人去撿。請問，你會去撿嗎？

這個問題我在課堂上問了學員幾百次了，多數的答案都一樣：「如果真的沒有其他辦法，只有硬著頭皮去撿囉！」

　　我聽到這樣無奈的答案時，總會再接著問：「如果你口袋裡的錢是夠的，那你們還會去撿嗎？」此時多數人的回答都是不會。

　　從上面的答案來看，也就是說在非必要的情況下，丟臉的事大家都不想做，因為面子比較重要。但如果把問題再簡化一點問：「金子與面子，兩者只能挑一個，你會挑哪一個？」我想多數人都會挑金子，不選面子。

　　既然大家都是選擇金子而非面子，那又為何怕因從事傳直銷而被身邊的朋友嘲笑？怕自己做不好而丟臉呢？

　　我不是說非得從事傳直銷不可，而是沒有必要因為害怕面子問題而拒絕，甚至討厭，因為那是你自己的選擇問題，而不是傳直銷好不好的問題。簡單的選擇，與加上條件的選擇，人的選擇自然就會不同，這就是「心」。

　　起心動念是心的選擇，若不談善與惡，若是該觀念是對的而選擇，而非加上其它外在的複雜條件來決定，這樣才是真正的選擇。

　　一位朋友在我面臨困境遲遲沒有突破與進展時，他建議我去參加新直銷商的訓練課程，剛開始我很不願意去，因為怎

麼說我也是有名氣的教育培訓師，如今卻要我去聽別人上課，而且還是年紀比我小的培訓師，從前的光環與成就讓我無法趨前。但在無計可施、苦無方法的時候，加上朋友的盛情邀約，我就用「當作是去度假兩天」的心情，答應了他的邀請，勉強自己去聽聽那兩天的訓練課程。

我再說一次這個故事，是因為我想談「心」，當時的無計可施，只有勉強自己，當時的不知所措，所以勉為其難。但當時我若沒有敞開心胸，接受那年紀比我小的培訓師所說的話，我就不會有現在的成就。那是因為我終於了解我起心動念的偏差，導致了觀念沒通，行動就歪七扭八。

也因此，我後來一直把這位培訓師當成我在傳直銷這條路上亦師亦友的好兄弟。

▲ 起心動念是自己

我不用重新開始，而是「從新開始」。我認為當我有心，自然改變心態與想法；當我用心，自然能察覺平常看不到的地方，我的做法自然就不同；當心態、想法與做法皆不同時，結果自然就不相同。

而「心」能直接表達與反應出最真實、最初的自己，當你

從「心」出發的時候，就會有一個全新的開始，所以我想要表達的起心動念，所談的是「自己」。

所有的一切起源，都是談論自己的想法與動機。

我就「領導」一詞來說，領導很常在傳直銷業的訓練課程中出現，這個名詞所傳遞的正向意義有創造、自信、獨立……等；而反向的意義卻也有自我、強勢、獨斷……等，不論是給人正向或是負向的想法，領導談的還是自己。

我們常在課程活動中觀察學員，總會發現某些人是天生的領導者性格，這些人所擁有的自信，會幫助他們在任何領域走向成功。但是有時太過的自信會使其變得太自我，當身邊的朋友或同事向他們提出意見或建議時，他們不能認真聽取意見或接受，這是心的導向。

具有天生領導才能的人，我總是提醒他們，必須學會在和他人相處時，要多聽取別人的表達，不要太過於表現自己，不然會有被孤立的感覺，要懂得正確發揮自己的領導力，必定能夠獲得成功。但也總是天生性格使然，他們不能認真聽取意見，結果往往要繞一圈才能得到他們所想要的。

這些人往往高傲自大，給人的感覺近乎自私，因此需要更謙虛、更低調一點，多尊重他人、為他人著想。同時也需要信

任他人、與他人合作，不要有個人英雄主義。就像一位成功的君主，懂得恩威並施，贏得子民的敬愛，子民才會心甘情願服從他、擁戴他。

領導的特質是個性獨立、有主見、自主能力強、生命力旺盛、積極進取、有領導潛力、一旦確定目標就會全力以赴、做事腳踏實地、看重自己、具有強烈企圖心、精明幹練、有明快的決斷力、不輕易妥協認輸。他們的觀念和想法都非常特別，喜歡標新立異，因為這樣才能凸顯他們存在的特殊與必要。

而缺點則是固執、個人利己主義、太專注於個人的目標、獨斷獨行、缺乏對人群的關懷和熱情、自我為中心、忽略他人感受、身段過高、主觀意識強、高傲自恃、好勝心強、缺乏浪漫情趣。

我在這裡不討論天生具備領導特質的人如何，我要強調的，即便是一個「領導」的名詞，都有給人正向與負向的意義，這些所謂正負向的意義，是我們自己傳遞出去給人的感受，心也是如此。

心既然是如此，自己所傳遞出去給人的感受，也會有正向與負向的感覺，所以起心動念就變得更重要。

談到這裡，不知道你的觀念通了嗎？

　　簡單說，一切從自己開始。你想要什麼？為什麼要？獲取的方式是什麼？

　　我常問學員一個問題，讓他們討論並選擇，然後再反問：「讓自己有錢的方法有哪些？」

　　在不討論犯不犯法的情況下，一般的答案有：努力工作、自己當老闆、搶銀行、跟老爸老媽伸手、嫁有錢老公、娶有錢老婆……等各式各樣的回答。

　　扣除違法與有難度的不談，大概也只剩下努力工作與當老闆兩個答案，而多數的學員都選擇用努力工作來讓自己有錢。此時我就會問大家：「為何不選擇當老闆，當老闆也可以讓自己更有錢啊？」

　　我得到的答案除了怕，還是怕，也有少部分人的回答是：「我這樣就滿足了。」

　　怕，所以不選擇，滿足了，所以沒選擇。雖然選擇的都是一樣的，但因為出發點的心不同，結果就會不同。因為怕所以沒選擇讓自己更有錢的方法的人，常會活在害怕恐懼中，害怕沒錢，所以只好努力賺錢，生活中有些選擇與行為會很無奈；反觀滿足的人，就會生活得很無慮快樂。

　　不論你的選擇是什麼，在選擇前請先想想，是否如你的心

的選擇。這真的是你想要的？選擇了就能得到你要的？反覆思考後再決定你的選擇吧！

　　當然，選擇前請考慮是否違法，是否有惡念。如果沒有，而這些都能如你心所願，剩下來的，就只有行動了。

行動篇

觀念如果通了，就要馬上行動，多練習相同觀念的行動準則，自然就會變成一種習慣反應。

近來因為傳銷公會的關係，我為「中華傳情遞愛協會」訓練志工時，也認識了一些帶志工團的朋友們，他們會跟我提到類似的「困惑」。我思考著，為什麼會有這些「困惑」？這些困惑來自於什麼原因？而這困惑是指「收費與不收費」。

我想從另一個角度切入去談，這角度就是傳銷公會的服務該不該收費？就某種程度而言，公會是產業的服務者，而公會裡的員工就是志工，所以公會是志工團體。

我因身處於傳銷公會，擔任公會的祕書長，所以常接收到一些邀請，請公會協助他們的企業跨入傳直銷產業。過去沒有公會時，這些協助多半落在產業前輩或有經驗的人身上，收費標準往往都很驚人。如今傳直銷產業有了公會，傳銷公會也就成了這樣服務的當然協助對象，但收不收費這件事，卻很困擾著我們。

如果收費的話，公會就會變成營利單位；如果不收費，公會站在協助產業發展的立場，需要花人力去協助，但人力又有限。若是一般詢問還好，若需要協助該公司成立所有該準備的資料，或是要協助解決該公司發展時所碰到的問題，公會又無人力可以幫忙，如果轉給產業前輩或有經驗的人，又會被人說公會在圖利他人。

做與不做，真的都很困擾我們。

到底該不該做？如何做？聰明的理事長跟我討論後，給了我一個解決方法的大方向：公會是非營利事業團體，公會的使命是服務產業同業，讓同業於公平競爭的環境下，一起將產業壯大。而公會的人力本來就有限，除了幾位固定員工外，其餘都是在各公司任職的經理人，義務性幫忙公會的志工。公會也因為這些人的協助，得以運作正常。

因為這個大方向，我們採用了不收費純服務的方式，協助一般性詢問的問題。若遇到協助發展或營運等更深入的服務時，我們就會轉介給平常就非常投入協助傳銷公會發展的人。

由於我們採取了這樣的方式，這幾年來，傳銷公會的參加單位多了好幾十家，投入到公會義務性幫忙的人也變得比以前更多了。

▲ 想好了，確定了，就去做！

只要不違背初衷，也能解決你的問題，就去做吧！我喜歡做公益，投入志工服務和志工培訓也很多年了，2004 年時，我看到一個新名詞，叫做「**企業社會責任**」（CSR，Corporate Social Responsibility），這個企業社會責任在當時《遠見》雜誌的推動下，重新定義為「成功的企業」。這個企業社會責任的推動，也變成了每個企業發展過程中必定會思索的問題。這也是為什麼有這麼多的傳直銷同業，都會成立慈善基金會或反饋社會的因素。

報導中，一位受訪的企業家將 CSR 形容得很貼切，他說：「當你把『利』看得遠一點，它就自然成了『義』；商人做公益不過是『將本求利』，讓社會更美好、員工更健康，消費者購買更有欲望，長期來說，企業才能賺到更多的錢。」

由遠見雜誌推動的企業社會責任獎，這些年下來成果頗佳，有一些還是我在讀 EMBA 時的課程案例。

對於員工特別照顧的企業，如：智邦科技宛如庭園小橋流水的辦公室；光寶科技五星級的員工健身房；或者是置身在茶藝館般的中華汽車廠房內，任何人都可以感受到，這些企業對員工果真的很貼心。

　　除了對員工特別照顧的企業，還有一些不計成本付出的企業，只期望能提供更好的產品給消費者，以減少對社會環境的傷害。

　　例如：為了減少印刷電路板的重金屬污染，台達電早在十餘年前就開始研究無鉛焊錫的技術，成本高出含鉛焊錫十倍之多，董事長鄭崇華還是咬著牙開了這條生產線，結果意外拿了SONY的大量訂單。

　　還有統一超商要求在鮮食產品裡，完全不能添加任何防腐劑，一開始，上下游廠商都在觀望，花了整整兩年才做到。如此的魄力，讓統一超商去年在消基會的抽檢中，是唯一五款便當全數過關的業者。

　　至於台灣大哥大堅持「三點不露、保護兒少」的簡訊政策，雖然每個月少賺了上百萬的收入，但是主事者相信，強化資訊安全的保護及管理，絕對是日後勝出同業的競爭力。

　　這些常人眼裡看來有些傻的行為，事後卻證明了這些經營者果然有獨到的眼光。

　　令人好奇的是，這些經營者的行為起心動念，究竟是一股什麼樣的動力在驅動這群人？台灣大哥大總經理張孝威的力量，是來自於對宗教的信仰；光寶科技董事長宋恭源的曾祖父

曾是抗日英雄，對於臺灣這塊土地有深厚的感情；而智邦科技執行長黃安捷年輕時醉心社會主義思想，感慨窮人一輩子沒法翻身，因此對員工特別照顧……。

我認識東森集團總裁王令麟先生，我們聊起之前力霸事件與他父親的事，他說他無法選擇他的父親是誰與做了什麼事，但該要他負責的，他一定負責到底。在他入監服刑的期間，他所創辦的東森集團，也因為力霸風暴的危及，陷入經營困境。

他對我說：「我當時透過律師對公司內的經營團隊傳話，訂下了三個要求：『員工的薪資不能欠、廠商的錢不能拖、股東的權益不能少。』需要時，我個人的資產隨便你們處理。」

就因為這三項要求，王令麟先生在刑滿出獄後，很快的又把東森帶到了另一波高峰。很多人問，為什麼要推動 CSR，其實動機就在此。因為真正「成功的企業」不僅要對得起股東，更要對得起員工、消費者、供應商、社區和生態環境。

▲ 安靜下來傾聽自己

起心動念既然是談自己的想法，有的時候，是要讓自己靜下心來，好好傾聽自己心裡的聲音。首先要先停止所有動作，關掉任何 3C 產品，讓心安靜下來。有時候是先讓心靜下來，

停止一切無謂的動作，才能讓自己與自己對話。

　　修行領域的大師奧修強調「靜心」。或許環境嘈雜、充滿誘惑，你並不需要特別壓抑、克制、甚至自我虐待，但只要你的心可以安靜下來，就能徹底察覺，從心裡檢視自己的初心與出發點。

　　讓自己的心處於最安靜的狀態下，才能發現最豐富的內涵。唯有最心靜的時候，才能聽見最真實的心聲。它安靜到沒有任何分貝可以測出，而你卻可以清晰辨識。這是很高層次的察覺，聽見自己的心聲。雖然在現今的環境中有難度，但可以試著去做做看。

　　千古以來，多少成道者、宗教家為了覺察自己的起心動念，做過各式各樣的努力，他們最後有志一同的發現，最有效的覺察方法都是──心靜。

　　無論你身處在市區車水馬龍、喧鬧嘈雜的環境，或是山中杳無人煙、雲深水窮的角落，為的都是讓自己的心能靜下來。多數佛教徒透過長期打坐禪修，目的就是要讓自己心靜，就是要覺察自己的起心動念。

　　有時試著讓自己的心靜下來吧！無論你採用什麼樣的方式，或打坐、或閉目靜思、或聽聽音樂、或遠離塵囂、或到國

外散心、或讀讀書，都是不錯的選擇，不論你選擇哪一種，只要能讓你心靜的方式，請找時間做做看。從心靜中去察覺自己的心，去檢視自己的起心動念，從中調整自己，出發點對了，即便一開始是處於不利於自己的狀態，但長遠來說，你會如同這些企業家一樣，好的反饋，最後都會回到自己身上。

正如同傳直銷的精神，如果只把心放在銷售產品獲利或尋找下線組織套利，都不會讓自己的傳直銷事業做得長久。傳直銷的精神是分享與傳承，組織成員若無法獲取他要的，反饋給我們的就不會長久。

靜下心來，想想什麼才是你要的吧！

▲ 起心動念要時時刻刻的留意

人心裡的念頭，最後都有可能會變成了行為，所以我們的起心動念，處處都要留意，留意自己是否有壞的念頭出現。

念頭的異動，就像是一個方向，如果不化解它，似乎就好像一定要往那個方向進行，有時這個念頭反而變成了妄想。就好像想到自己今天一定要去吃個豐盛的晚餐，腦袋裡一整天的主要念頭都是去哪裡吃？跟誰吃？但是如果能注意到這個念頭可能已經影響了自己一整天的工作，那麼就要有化解的動作，

告訴自己今天我有更好、更有意義的事情要去做。雖然吃個豐盛的晚餐可以好好滿足自己的口腹之欲，但還不如去完成自己原本預定要做的某一件事來得更有意義。

有一次，我有機會協助舉辦力克‧胡哲在臺灣的演講，一開始好多人聽到有機會能與力克‧胡哲近距離接觸，就起了一個念頭，說他們也要去。但後來一件接一件的事情插進來，他們又說不能去了，於是我把他們能去協助的念頭打消了。

對他們來說，究竟哪一件事重要，自己也分不清楚。如果能起心動念、處處留意的話，就能分得清楚哪個是重要的？哪個是次要的？重要的當然第一優先，次要的第二優先，而不重要的根本不要理它，那只是一個胡思亂想的妄念罷了。

但是如果你分不清楚什麼重要、什麼不重要，什麼絕對是妄念，那麼你的思緒肯定非常混亂而且漫無目標。而清楚自己念頭的人，不但比較能穩定做事，也能踏實耕耘、有方向感。

人的頭腦就像一部電腦，有辦法主宰我們的生活，我們應該要好好的運用它、調整它，讓它往好的方向，不要讓它氾濫或是漫無頭緒。

佛教常教人要修行，但是很多人不知道該怎麼修行，以為修行就是要出家或吃齋唸佛。我對修行的看法，其實就是靜

心。當心靜了，就可以從運用自己的頭腦，來察覺自己的起心動念，如果自己的意念跟行動不相應或是三心二意，做起事來就不容易達成目標。讓我們的頭腦往好的方向、善的一面去思索，往長遠與更高的目標前進，而不是讓它迷迷糊糊、東倒西歪的，而這是可以練習的。

當人的心念改變了，就有機會改變世界，就是這個道理。曾經風行一時的《祕密》這本書，談的就是心念的重要。

在讀《祕密》這本書的時候，我曾經懷疑過這樣的想法。心念是能開啟宇宙動能的鑰匙，然而很多人並未真心相信，只是想趨吉避凶、逃避現實，或者僅將念頭在頭腦運轉，而沒有付諸行動，那又如何運用這把鑰匙來開啟動能呢？

▲ 善用心念的力量

你打過哈欠吧！我想每個人都打過哈欠。下次你打哈欠時，如果你並不覺得是因為身體疲憊的話，那請你注意一下，自己為什麼打哈欠？

仔細回憶一下，自己是否有過這樣的狀態，當你看見他人打哈欠時，自己也跟著深深的打起哈欠來？因為打哈欠的心念一起，便不自覺想要打哈欠了。

1 起心動念

　　你現在該不會正在打哈欠吧？你看到我前面寫的「打哈欠」三個字，也許在三分鐘之內，你真的打起哈欠來了。

　　如果你現在正坐在捷運上、公車上、火車上、高鐵上，正讀著我所寫的這段話，並且因此打了一個哈欠，也許不少看見你打哈欠的人，也跟著打哈欠了，就像骨牌效應一樣，打哈欠的人不斷擴散著。

　　打哈欠的動作，會因為視覺、聽覺，讓情緒受到感染，啟動心中微妙的一股力量。

　　單從打哈欠的事例，你看心念的力量有多大？

　　因此人們常說：「當你真心想完成某件事，全世界都會來幫你。」所以別小看心念的力量。

　　當一個人的心念啟動了，便會念茲在茲，生命也會跟著動起來。這種心念的啟動，隨著事情的難易，也有不同的實踐力量。心中意念能真正啟動，是一份認真且專注的相信，不是隨意在腦中想想，或者只是安慰自己的標語，而是一種從自身擴散出來的力量。

　　「心想事成」大概就是這個意思。關於心念所及而成事的例子，幾乎隨處都可見證。

　　自我從中國回到臺灣的時候，因為年齡與大環境的關係，一直苦無機會就業。直到心念調整，接觸並接受傳直銷，才讓我有了現在的小小成就。這中間我也調整過很多次自己的念頭與想法，這些心路歷程雖然在《志業》裡有提過，但沒幾個人能真正瞭解我當時的苦悶，大家總認為只要努力就行了，事實上，那段期間我下了無數次的決心，訂了無數個計畫，統統無疾而終，當時我覺得自己爛透了。

　　直到我想放棄時，一場兩天一夜的培訓，讓我靜下心來好好思索傳直銷的真諦與精神，為何別人可以有成就，我卻一事無成，每天浪費時間，卻毫無進展？能夠支撐我的，大概就是課程中不斷重複的這句話：「我是最好的，我是最棒的，我一定做得到。」

　　以前我沒有察覺這股力量，但我絕非隨意在腦中想想，而是每次認真如發誓般一樣激勵著自己，也許有一點自我安慰，卻逐漸從自身擴散出力量。我醒悟了，並找到方法，幫助自己走上軌道，最終我進入了我夢想成就的階段，雖然這結果晚來了兩年，但我做到了。

　　親愛的朋友，我也邀請你，先與你自己的心念同在。如果你還不知道該如何善用它，歡迎你到我的課程中，我們一起來

研究。

　　而讓你的心念變得更強的方式，正是分享給別人，然後在分享的人之中，尋找認同自己心念且願意努力成長的人，接下來會告訴你如何找到那群人。

第 2 章 建立團隊

一個人的力量有限,組織的力量無限,
讓各個專才集合起來,才能一起達到目標。

觀念篇

　　現代人不論從創業或是工作的角度來說，「建立團隊」都是必然的趨勢；而團隊的建立，更是從事傳直銷的朋友必須要有的認知跟建立觀念的第二課。

　　團隊的誕生與成因，是為了工作分工的實際發生所需求的，運用個人不同的專長與分工，讓事情變得更簡單；而傳直銷組織的發展，除了要能讓銷售組織變大，更是讓銷售管道暢通的方式。在傳直銷組織的成員中，每一個團隊成員都有其能力和專業領域的不同，彼此互相依賴與扶持，可以讓組織的發展事半功倍。所以團隊是共同生命體，它是因應某個需求、目標、理想而發生的，也因能滿足組織成員的需求而存在。

▲ 借鏡認知團隊的重要性

　　野雁，因相互扶持，可以飛得更遠。

　　野雁總是以 V 字形的隊伍方式飛行，由於每隻雁都鼓動翅膀，產生了上升氣流，讓緊跟在後的雁鳥能飛得輕鬆。所以

野雁當以 V 字形隊伍飛行時，整隊的航程比單隻野雁的飛行距離，至少要多出 70% 以上。

當隊伍中的一隻野雁脫離隊形時，馬上會感受到前方成員所提供的上升氣流，而被拉回隊伍中。而當領頭的那隻野雁疲累時，會退到後方，由後頭的雁鳥遞補上去，而後頭的雁鳥則會用鳴叫的方式，鼓勵領頭的雁鳥奮勇向前。

當有一隻雁鳥生病或遭遇傷害而脫離隊伍時，至少會有兩隻野雁跟著脫隊，來協助和保護牠，直到生病或受傷的雁鳥能飛或死掉，牠們才會再度歸隊。

▲ 籃球隊是靠團隊合作才能獲勝

籃球隊中的每個成員由於所站的位置不同，都有其不同的功能與專業。所以我們也可以稱它是一個「系統」，當系統達到和諧的狀態時，球隊才會發揮出最大的團體合作力量，讓每一次的進攻都能得分，每一次的防守都能降低失分。

在團隊合作力量發揮最佳和諧狀態前，球隊的每一名成員之間，必須不斷進行密切的合作練習，進而使球隊達到統一和諧的狀態。球隊的每位成員之間，必須達到一種默契，這種默契就是大家都有意識的與隊友們進行合作。因此，只有球隊成

員之間不斷進行合作，才能使整個球隊達到和諧統一，展現整體的最佳競技狀態。

麥可‧喬丹曾說：「**天生好手能贏得比賽，但團隊合作才能贏得冠軍。**（Talent wins games, but teamwork and intelligence wins championships.）」即便是身為籃球巨星的他，都不敢歸功於自己，因為一個人再強，終究也只是一個人。沒有團隊的合作與協助，就不會有強大的公牛隊與麥可‧喬丹的出現。

我之所以說建立團隊是從事傳直銷的朋友必須要有的認知跟建立觀念，主要是來自於傳直銷的意義與精神，加上從自身出發的起心動念後，必須要認知的第二點為溝通與互動。

所謂的溝通與互動，都必須要有兩個人以上才能進行，即便你把傳直銷當成一般性的銷售，還是要有兩個人以上才能溝通與互動。因此，建立團隊的最核心，就是「溝通與互動」。

當團隊的溝通順暢，互動頻繁時，彼此之間的默契自然會提升。當彼此之間的默契較好，團隊的建立與發展自然就會比較快。況且傳直銷事業的發展基礎，原本就是建立在組織的拓展與延續，因此，建立團隊與團隊成員溝通與互動，自然是重要的課題，也是必須要打通的觀念。

「三個臭皮匠，勝過一個諸葛亮。」是中國的一句俗諺，

意指三個才能平庸的人，若能同心協力、集思廣益，也能提出比諸葛亮還周到的計策。

話說有一天，周瑜約諸葛亮議事，並故意問諸葛亮：「水路交兵以什麼兵器為先？」

諸葛亮回答說：「江上作戰以弓箭最為重要。」

周瑜便以軍中缺箭為理由，請諸葛亮監造十萬枝箭。其實這是周瑜基於妒才的心態，因此想藉三天內造十萬枝箭這項「不可能的任務」，順勢除掉諸葛亮。

諸葛亮聽了之後也不緊張，帶著三個隨從到江邊察看，預料三天後將起大霧，於是想到了「草船借箭」的妙計。吳軍船隻可以趁著濃霧時，靠近曹操水寨「借」得十萬枝箭，所以便告訴周瑜：「三日內若事情未成，則甘願受罰。」

諸葛亮當天便叫三個隨從在二十艘小船的兩邊各插上草靶子，再以布幔掩蓋。三個隨從完成後向諸葛亮回報，還向諸葛亮提出想法：「軍師真是神機妙算，不過若是以目前的擺設，可能會被看出破綻，曹軍恐怕不會輕易上當！」

面對這樣的建議，諸葛亮想聽聽他們三人的意見，不過他們希望在第二天晚上才讓諸葛軍師看，諸葛亮笑笑未加以駁斥，僅靜觀其變。第二天晚上，三個隨從安排妥當後，便請諸

葛亮到江邊察看，只見每艘小船的船頭都立著兩三個稻草人，套上皮衣、皮帽，看起來就像真人一樣。諸葛亮看到這樣的設計，不禁笑著說：「真是智者千慮，必有一失；一人難敵三人之智呀！」

之後，曹軍在慌亂中果然中計，萬箭齊發射向小船，諸葛亮也就輕輕鬆鬆借到十萬多支箭，此即孔明的「草船借箭」。由於那三個隨從是皮匠出身，也就出現「三個臭皮匠，勝過一個諸葛亮」的諺語！

諸葛亮縱然再有智慧，如果沒有這三名隨從在二十艘小船的兩邊插上草靶子，再以布幔掩蓋，光靠諸葛亮一人也難在三天內完成。加上沒有這三人的提議，為立著的稻草人套上皮衣、皮帽，讓稻草人看起來就像真人一樣，曹軍恐怕也不會輕易上當。

從上述的故事中，我們可以想像諸葛亮與他的三位隨從，平常的互動與溝通是多麼的順暢。所以建立團隊時，首重溝通。**所謂溝通，簡單來說就是「說」與「聽」。**如果諸葛亮是一個只願意說而不願意聽的人，這三個人必定不會獻策或不願獻策，反正說了也聽不進去。

由此可見，溝通與互動在團隊的建立中，是多麼重要的一

件事情。

▲ 團隊是個生命共同體

　　團隊是由兩個人以上組成。在外在的形式上，我們可以挑選一些志同道合、能力不錯的人員「組」成一個團隊，又或是我們可以分派一些人「湊」成團隊的樣子。但是一個團隊如果要運作正常，使團隊的功能發揮最大功效，就需要全體成員共同努力，而這些團隊成員需要有共同目標才會聚在一起，因共同的理想而奮鬥。

　　有一部電影《破風》，我個人滿喜歡的，這是講求團隊合作的自行車電影，電影中的三位主要演員分別為彭于晏（飾演王仇銘）、竇驍（飾演邱田）及崔始源（飾演鄭知元）。

　　大多數的人可能都跟我一樣，以為騎自行車應該就像跑步、游泳等比賽一樣，比看看誰能最快抵達終點線，所有選手一起競爭，當中只有一個人能奪冠。但是看完《破風》這部電影我才知道，自行車競賽不一樣，它是由許多人一起合作，參賽者必須以隊伍型態報名參與比賽。電影中格外強調隊伍的組成與分工，其中又屬「破風手」、「衝線手」這兩個位置的成員最為重要。

　　破風手騎在隊伍最前頭，他所面臨的考驗是風阻大，消耗的體能多；但是跟在他後方的主將衝線手，可以因此減少許多體力消耗，等到適當時機做最後衝刺。

　　電影成功抓到這項運動能發揮的題材，它衍生出這樣的議題：「誰都想要當衝線手，光鮮亮麗的上臺領獎，而不願選擇當努力為他人開路的破風手。」這個議題在電影中有不少的發揮與著墨。

　　像是邱田有機會可以到香港當王仇銘車隊中的破風手，但他最後卻還是留在臺灣的車隊裡當衝線手。因為他曉得，一旦去了香港，雖然資源多、勝利機會大，但卻失去了留在臺灣車隊當主將的位置。

　　很多人在職場上都會有類似的選擇難題，要在小公司當主管，還是去大公司當職員？要在國內當知名偶像，還是要去好萊塢從默默無名的演員開始發展？諸如此類的案例，賞味起來就頗有感觸。

　　在團隊中，每一個成員都很重要，沒有任何一個人特別被凸顯。一個主將衝線手再怎麼強，若是沒有破風手一路為主將開路減低風阻，他也很難贏過其他對手，這個生命共同體是缺一不可的。

　　有一天，五根手指頭在一起閒著沒事，便就「誰最優秀」的話題爭吵起來，大拇指說：「在咱們五個當中我是最棒的，你們看，我不但是最粗、最壯的一個，而且主人無論讚美誰、誇獎誰，都要把我豎起來，所以我是最棒的！」

　　這時，食指站了出來說：「咱們五個我是最厲害的，誰要是出現錯誤，誰有不對的地方，我都會把他指出來！」

　　中指這時拍拍胸脯驕傲的說：「看你們一個個矮的矮、胖的胖，哪有一個像樣的？其實我才是真正頂天立地的英雄！」

　　無名指接著不服氣的說：「你們都別說了！主人最信任的就屬我了，你們看，當一對情侶喜結良緣的時候，不都把那顆代表著真愛的鑽戒戴在我的身上嗎？」

　　小指最後跳出來，用最有精神的方式說：「你們看我長得小嗎？當每個人虔心拜佛、雙手合十祈禱的時候，不都把我放在最前面嗎？」

　　其實每個人都有自己的長處，只要能取人長、補己短，相互合作就是完美的！這就是團隊的精神。

　　傳直銷的組織團隊建立，雖然不同於一般工作團隊所訴求的分工性與專業性，但同樣都有一個共同的目標與理想。傳直銷的團隊建立還有另一層意義，就是銷售管道的建構。若從傳

直銷的角度來看，建立團隊，也就等於是銷售管道的建立，因此更勝過任何一種產業的必要性。

我用我個人的經驗與大家分享，傳直銷團隊在建立的過程中，會經歷的四個階段：團隊形成階段、團隊建設階段、開始合作階段、有效運作階段。

我將這些階段用傳直銷的語言來說，就是：

1. 團隊形成階段：零售與分享（第一代的產生）。

2. 團隊建設階段：推薦與複製（第二代的延續）。

3. 開始合作階段：系統的建立（多線多代的培養）。

4. 有效運作階段：系統的運作（組織穩定的成長）。

從你開始從事傳直銷事業時，你就已經在做「建立團隊」的工作了，只要你多注意一些，要把團隊建立起來，其實是很容易的。

有一個裝扮像魔術師的人來到村莊，他向迎面而來的婦人說：「我有一顆湯石，如果將它放入燒開的水中，會立刻變出美味的湯來，我現在就煮給大家喝。」

這時有人找了一個大鍋子，也有人提了一桶水，並且架上爐子和木材，大家就在村子的廣場煮了起來。

　　這個像魔術師的人小心翼翼的把湯石放入滾燙的鍋中，然後用湯匙舀起湯汁嚐了一口，很興奮的說：「太美味了！如果再加入一點洋蔥就更好了！」

　　此時有人立刻衝回家拿了幾顆洋蔥來丟進湯鍋中。像魔術師的人嚐一口又喊：「太棒了！如果再放些肉片就更香了。」說完又有一個婦人快速回家端了一盤肉來加了進去。

　　「再有一些蔬菜的話，這鍋湯就完美無缺了！」像魔術師的人又建議道。

　　在像魔術師的人指揮下，有人拿了鹽，有人拿了醬油，也有人捧了其他食材，最後，大家一人一碗蹲在廣場享用，他們發現這真是天底下最美味、最好喝的湯。

　　至於那顆湯石，只不過是那個像魔術師的人在路邊隨手撿到的一顆石頭罷了。

　　其實只要我們願意，每個人都可以煮出一鍋如此美味的湯。當你貢獻自己的一份力量時，眾志成城，清水都能變成美味的湯，而這顆湯石，就在你的手中，把它丟入水中吧！行動了，自然就有人跟上。別害怕建立團隊是辛苦的事，因為那都只是過程。

如果你還沒有想清楚從事傳直銷為何要建立團隊，那我就用數學的角度來說明。

以個人與團隊做比較，個人所創造的業績，獲取毛利為30%，和團隊業績毛利獲取只有 5% 相比，多數人都會選擇自己做，因為獲取的毛利較高。

如果以一個人一個月能夠創造 100 萬的業績來算，當你自己一個人做，最多也只是 100 萬，你能獲取的毛利為 30 萬；如果你的團隊有 5 個人，業績就會是 500 萬，你能獲取的毛利為 25 萬。你會說：「自己做的獲利還是比較高啊！」

但如果團隊來到 20 個人，此時即使每個人只付出一半的時間，也就是每個人每個月的業績只有一半 50 萬，你能獲取的毛利卻有 50 萬（20X50X5%=50）。

這時候，你要自己一個人默默辛苦的工作獲利，還是要建構組織團隊，讓自己越來越輕鬆，收益越來越大呢？

馬上開始建立你的團隊吧！

要完全弄清楚為什麼要建立團隊，並願意開始去建立團隊，以下幾個問題可以幫助各位解決：

一、團隊的定義

「團隊」顧名思義就是指一群人，兩個人以上就可以成為一個團隊。但是並不是指兩個人在一起就自然而然會成為一個團隊，而是必須有共同的目標，彼此協調做事及互動的方法，因而可以共同去達成任務，這才能成為團隊。

團隊一定會有一個領導者，沒有領導者的一群人只是烏合之眾；要形成一個團隊，也一定要有跟隨者。同時團隊一定要有目標，沒有目標的團隊只是聯誼性的組織，團隊的目標一定是大家都高度認同的，而非隨興所至，或是隨便選定的目標。

然而單單只是有領導者、有跟隨者、有目標，還不足以稱得上是一個完美的團隊，也還不一定能足以達成任務。團隊要能真正達成任務，必須要團隊中的每個人，不論是領導者或跟隨者，都要真正全心全意的投入整個團隊之中，也必須認同團隊的目標、任務、願景，讓團隊的運作能更順暢。

以傳直銷的組織來說，每一個團隊都有不同階段的目標與願景，當團隊所有成員都能在階段性目標任務中達成的話，願意加入你們團隊的人會越來越多，組織也會越來越大，人才自然就越多，獲益自然就越大。

二、團隊運作的優點

團隊運作最大的優點就是「事半功倍」，只要花一半的力氣，卻能得到加倍的成效，如同野雁的扶持效應。換句話說，個人的工作壓力、工作時間只用原先的一半，卻可以得到原先每個人平均工作成效的二倍。而且是整個團隊裡每個人都如此。所以，6 個人就可以達成 24 個人的績效。

就如同傳直銷事業的工作，不需要學經歷的要求，也不需要你過往的經驗。即便你完全都不會，也不需要先學會後才能開始從事。它可以讓你一投入就開始產生效果，邊看邊學、邊看邊做，等你做好了，也就學會了。這就是事半功倍的優點，你可以用比別人更短的時間，完成更多的事情。

團隊運作的第二個優點，就是可以完成原先一個人所無法達成的目標。有很多目標是單打獨鬥不可能達成的，但是，一個合作無間的團隊，就可以做到許多原本完全做不到的事。團隊可以克服原本無法被克服的困難，完成原來達不到的目標。

團隊運作的第三個優點，就是讓每個人都可以發揮到極致，一群原本很平凡的人，一旦組成一支團隊，他們就可能小兵立大功，即使是一個很優秀的人所做不到的任務，團隊也都能完成。

　　公會於 2016 年第一次舉辦亞太區傳直銷高峰會議，匯集了來自日本、韓國、中國、越南、馬來西亞、印尼等國家的優秀經銷商與各公司的專業經理人及老闆。這場多達 2000 人的活動，公會只花了 3 個月的時間，與公會 4 個人的人力，便完成了這場場面盛大與精采的亞太區傳直銷高峰會議。

　　4 個人除了我以外，其他人都沒有舉辦大型活動的經驗，我們靠的就是團隊分工與共同目標的信念，完成了多數人都認為不可能的任務，這就是團隊運作優點的驗證。

行動篇

　　當觀念通了，就要馬上行動！至於要如何做，以下和各位分享我的經驗。

▲ 建立體驗式組織團隊

　　要建立傳直銷的組織團隊，第一步是要從親身體驗開始，讓團隊裡的每個人都能體驗到，尤其是剛加入團隊的成員，更必須要求其親身體驗。

　　若是不靠團隊合作，人生有很多事是一輩子也做不到的。透過體驗，讓團隊裡的每個人都能瞭解我們需要團隊，否則有很多目標無法達成，而且團隊裡的每個人都是重要的。

　　最關鍵的是，要每個人知道自己的有限性，進而激發出「同舟共濟」的團隊概念。

　　至於要體驗什麼，我的經驗是體驗產品、體驗團隊合作、體驗團隊運作方式、體驗如何配合團隊需求盡力而為，讓這些體驗能轉化為團隊合作的共同認知以凝聚共識，讓自己為未來

組成自己的小團隊而鋪路。

當團隊裡的人都有共同認知後，接下來就要讓團隊的成員認識自己也瞭解別人，否則大家還是無法合作，簡單說就是「溝通」。

畢竟團隊不是我們一個人所擁有的，是大家所共同營造出來的，透過進一步瞭解自我，同時也能接納別人，是團隊建立過程中，能和諧運作的基礎。

而這個基礎就是要有良好的「溝通機制」，並營造出舒適的「溝通氣氛」，讓大家遇到事情時，都可以坦誠溝通、良性互動。

我在「4A人生」的進階課程中，就有這樣的訓練與實際演練，讓參與的學員透過課程訓練，提升團隊成員的「溝通技巧」，讓大家遇事都可以坦誠溝通，良性互動。肯溝通，會溝通，願意不斷的溝通，最後就可以形成越來越強的團隊意識。

最後就是要落實團隊運作。

不論遇到任何事，都不能讓團隊成員有我行我素或單打獨鬥的情況出現。善用傳直銷教的「ABC法則」去運作，借上線或其他專家的力、借會場的力、借別人成功經驗的力來運作，讓團隊運作能落實，也讓新進的團隊成員瞭解團隊運作的

方式，並習慣透過團隊運作讓組織發展速度加快，甚至讓團隊成員因習慣團隊運作而離不開團隊，讓團隊默契與戰力能夠提昇，這樣團隊就可以長期運作下去。

▲ 成為一個有效運作的團隊領導者

在你建立團隊的同時，有一件事也要同時進行，那就是讓自己學習如何當一位領導者。要當一個領導者不難，而要當一個讓團隊有效運作的領導者，就有些難度了。

這個領導者要有正確的自我認知，這個認知就是要瞭解自己；因為不瞭解自己，就無法領導別人。不知道自己的缺點，就無法在團隊中發揮正面的影響力；不清楚自己的優點，就無法發揮出領袖應有的魅力。

不瞭解自己的人，就不容易瞭解別人，如此就無法領導別人。如果這個部分的練習與認知，你還不知道如何做起，你可以從「起心動念篇」分享的內容再做起。

一個團隊的建立者，如果要成為一個成功的領導者，就要懂得如何運用影響力，讓你的影響力能影響團隊裡的每一個成員，讓這份影響力在團隊中感覺不到它的存在，實際上卻處處都因它而改變。

　　這樣說或許太籠統，不容易理解，我再說得白話一點，就是不要用領導者的權威或權力去領導你團隊的成員，而是要用自身某些好的條件或行為，去影響及帶動你團隊的成員。

　　久而久之，這樣以身作則的行為，自然就會成為你團隊的特殊文化。

　　舉例來說，如果你是一位熱心公益的人，身邊自然就會聚集一些跟你同樣熱心公益的人。若你總是願意幫助與你毫無利益相關的人，你的團隊也會慢慢被你影響，而有相同的動作。在市場開發面，如果你無時無刻都在做陌生開發，你的團隊中擁有這樣能力的成員自然就不會少。

　　以下三種條件與行為，可以拿來參考與培養，讓它變成你團隊文化的一部分，也成為影響你所建立的團隊文化影響力：

　　1. 用專業的貢獻與成就來影響；

　　2. 用對公眾事務的熱忱與關懷來影響；

　　3. 用個人的氣度與涵養的魅力來影響。

　　有了團隊的影響力文化氛圍，也要注意另一項可能擊垮你所建立的團隊，那就是團隊溝通。

團隊溝通要有溝通的機制與溝通的氛圍，尤其是與一群人的溝通，遠比兩個人的溝通困難許多。你要先理解狀況，才能從中解決問題。

我們一般看到的，多半會是這樣的狀況：遇到問題後開始進行協調；當協調不成時，便進行私下溝通；當溝通不良時，就會出現不同意見想法的人各說各話，尤其是牽涉到利益多寡時，最後就產生派系，或是乾脆拆解成兩個團隊。

這樣的狀態最常在傳直銷的團隊中看見，因多數傳直銷團隊的形成與建立，都是架構在利益之上，所以鮮少有溝通的機制或管道。

如果我們在建立團隊時，也把溝通機制與管道一併建立起來，這樣的問題就不會發生在我們所建立的團隊中。關於溝通的機制與管道，我在此就不贅述，但我把團隊溝通的流程與進行方式分享給大家參考：

當問題發生時，先各自表達意見→整理各方意見→開始進行溝通→當有產生共識時→開始進行工作分配與協調→再次確認工作內容→開始工作

上述的流程與進行方式，是一種不錯、可以解決團隊中意見分歧的方式。但上述的內容中，有三項要特別關注的注意事項。一是表達的能力與方法，二是溝通的技巧與藝術，三是協調的方式與內容。這三項動作看似相同，都是在說話，但實質上卻完全不同。

表達是說出想法，溝通是從不同的想法中找出共通點，而協調是討論執行的內容。關於表達、溝通、協調的教導與執行的技巧有很多，坊間有不少這方面的參考書籍，在此簡單說明這三項的注意事項：

一、表達：

團隊中最常出現在人前不敢表達、卻私下抱怨的狀態，為了避免這樣的事情發生，讓團隊成員有表達的管道與空間，是團隊需要特別注意的。

其次是訓練與培養團隊成員勇於表達、願意表達及正確的表達，這樣才能讓團隊成員之間不再有嫌隙，才能更坦然的面對彼此。

二、溝通：

想要建立起良好的溝通，不論是用講道理或藉著個人學經歷與豐富的經驗，以及強力的證據來溝通，或是靠關係、靠交情，來進行意見整合，都必須藉由正確的表達來進行，溝通對象才會理解溝通互動的意義與目的。

三、協調：

有別於表達與溝通，之所以會進行協調，多半是已經有任務派遣或是問題產生。這時候，一位優秀的協調者，應該在最短的時間內，完成彼此間的意見溝通，並進行各項工作的分配協調，或是解決問題的各項方案推動，才能突破僵局，讓事情順利發展下去。

以上三項注意事項，請各位務必牢記，也不要搞混。

最後要提醒各位朋友的是，有一個錯誤的迷思，會影響表達、溝通、協調結果：「知識不等於智慧、年齡不等於成熟、不要高估專業。」

在進行各項表達、溝通、協調時，千萬不要讓自己陷入這樣的迷思當中。

▲ 高效能團隊的六項優勢

在傳直銷的領域中，很常聽到「團隊」這個名稱，但實質上有沒有團隊運作或團隊組織就不得而知了。多數從事傳直銷的朋友，總以為只要有了下線伙伴，就是有了團隊。

團隊的形成除了人是基本的要素外，還需要有組成目的、共同理念與目標。若更細的來看傳直銷團隊，這個團隊還要有自己的操作系統與文化。

而為了讓您的傳直銷事業發展，你必須弄清楚如何建立一個團隊，這可是一項艱鉅的任務，畢竟每一個人的能力、技巧不同，個性也不相同，要如何朝著共同目標而努力，是一項相當複雜的工作。

以下提供幾種方式給各位參考，讓你能輕鬆打造高效能的團隊，也能讓你的團隊能吸引人的優勢：

一、以系統化教育取代個人魅力

傳直銷的組織團隊形成，需要有文化的支撐，而系統化的教育，就成為文化的一部分。

多數的傳直銷文化，通常都是以母雞帶小雞的方式來複製與傳承，這樣的方法是優點也是缺點。最好的方式就是系統

化，系統可以讓新進的團隊成員學習到相同的東西，不會因為人為因素而有所偏差。

二、建立基本的運作時間法則

　　新團隊的形成，需要讓每位成員都能知道團隊的操作時間表，所以定時、定點的定聚就變得很重要。先不談論定聚的內容是什麼，定時與定點的目的是要讓團隊成員養成習慣，讓成員了解只要在特定的時間與地點出現，都能找到解決方法與協助他的人。

三、提供額外的獎勵

　　當你的團隊成員實現了某個特定的工作目標時，建議你提供獎勵制度，這樣可以更加激勵你的團隊，創造成功的工作成效。或是事前設立一個額外獎勵，讓你的團隊成員更加賣力去實現目標。

四、獎勵要透明，說到要做到

　　團隊就像是個大家庭，不能有私下交易與做法，所有的獎勵都要透明、公正、公開的實行。一定要「說到做到」，因為

當所有行為都有可能被複製的情況下，只要會讓他們感到不舒服的方法，都請不要執行，即便這個方法在短期內可以提升績效，若不是公平、公正的方式，都請不要做。

五、讓團隊成員發揮個人特質優勢

傳直銷的組織團隊成員，來自於不同的環境與家庭，也有年齡、性別、過往學習專業、學經歷、社經地位的不同與差異，如果你能讓他們做好本分內的工作，並善用每一個人的特質優勢，如此一來更能提高團隊的工作效率。

六、讓團隊所有成員知道，他們有團隊的支持與支援

最後還有一項更重要的優勢，卻常容易被忽視的狀況，那就是團隊成員不知道團隊能給予什麼樣的支持與支援。

你必須要讓所有成員知道，他們有團隊的支持與支援，支持的是什麼？支援的又是什麼？即便短期內團隊成員對這些支持與支援沒有太大的需求，你還是要讓團隊成員知道，團隊是他們最重要的支持者，有了團隊的無條件支持，他們會更有信心向前邁進。

　　讓團隊永遠存在和壯大的方式，就是說到做到，你行動了，大家也會跟著行動，接下來談談為什麼做就對了！

第**3**章 **做就對了**

光想不做，什麼都沒有，做了才會有人跟隨。

觀念篇

　　劉備三顧茅廬、孫悟空三借芭蕉扇，為什麼不管是東方還是西方的經典故事中，都不約而同偏愛「三」這個數字呢？經典故事看似有著有趣的巧合，實際上暗含了最佳的記憶範圍、更強烈循環的遞進關係以及暗示行動的心理機制。

　　古今中外，大部分膾炙人口的經典故事都偏愛「三」這個數字。比如白雪公主的後母毒害了她三次，劉備三顧茅廬請諸葛亮出山，還有西遊記裡孫悟空三打白骨精。為什麼這些故事總是和三有關呢？其原因有下：

　　首先，擁有「三個要素」的事物最容易被人們記住。科學家研究證明，「三」這個數字符合我們身體的活動規律。比如我們的一日三餐，一個月分上、中、下三旬，一天有十二個時辰等等，都跟三或三的倍數有關。

　　長久以來，「三」這個數字就和我們幾十萬年演化的基因記憶吻合，所以我們特別容易記住。

　　除此之外，心理學家還做過實驗，結果顯示人的記憶廣度

是 5 到 9 個項目，也就是說，人最多可以同時記住 9 件事，最少可以記住 5 件事。後來研究人員發現他們高估了人類的記憶尺度，排除了其他信息干擾後，發現人類最多能記住的是 3 到 5 個項目，其中 3 個項目最容易被人記住，這完全符合我們大腦的生理規律。

第二個原因是，三段式的故事能夠滿足三次循環的遞進，形成容易讓人記住的邏輯鏈條，我用大家耳熟能詳的「孫悟空三打白骨精」的故事套一下。第一次是這樣發生的，因為孫悟空要保護師父，看到白骨精就打，結果被師父狠狠斥責，因為唐僧看到的是正常女子。第二次是因為白骨精變成老婦人，再次來誘騙唐僧，孫悟空以保護師父為第一目標，打死了白骨精的替身，唐僧生氣所以攆走了孫悟空。第三次白骨精變成老公公，假裝來找他的妻子和女兒，由於沒有孫悟空的保護，唐僧被抓到白骨洞裡，孫悟空念及師徒之情，從水簾洞返回，最後打死白骨精，救出了唐僧。

你看，這個故事一波三折，讓讀者不由得好奇，跟著故事情節的發展往下看。如果孫悟空一次或兩次就把白骨精打死了，可能西遊記就沒這麼精采了。

第三個原因是，「三」這個數字或三的頻率，給人有行動

與積極的感受，而不是等待與恐懼。三的數字與三次的頻率，增強了人們對事物的控制感，進一步增強了安全感。

按照佛洛伊德的說法，當我們還是嬰兒的時候，對外面的世界會產生無知和恐懼。我們出生後，就要不斷尋求安全感，而「重複」就是尋求安全感最好的辦法。

所以我們常看到爸爸、媽媽抱著哭鬧的嬰兒，輕輕的用三的頻率，重複拍打著小嬰兒給他安全感。當小孩稍大、聽懂語言時，我們常聽爸爸、媽媽用：「我數到三哦！」來訓斥或制止不聽話的小孩。另外，我們在拍照時，不也都是喊著：「1、2、3！」才按下快門嗎？

中國的古典文學四大名著裡，也是充滿了大量三次重複的故事情節。比如《三國演義》裡的劉備三顧茅廬請孔明，還有諸葛亮三氣周瑜；《西遊記》裡有三借芭蕉扇、三探無底洞、三打白骨精等等；《紅樓夢》裡有劉姥姥三進大觀園、金鴛鴦三宣牙牌令；《水滸傳》裡有三打祝家莊和宋江三敗高俅。

這些經典故事看似有趣的巧合，實際上暗含了最佳的記憶範圍、更強烈循環的遞進關係以及暗示行動的心理機制，而且每一次的循環都能有不同的經歷，並獲得不同感受。

雖然經典故事各有各的經典橋段，但是之所以能成為經典

的原因，卻是驚人的一致。

▲ 第三步，馬上行動

當你聽到「3」這個字時，你會有什麼反應？拍照時聽到「3」會靜止不動，微笑張眼。爸媽生氣時，聽到「3」會馬上跑開或裝乖。無論如何，聽到「3」都會有所動作，只是做什麼動作的差別而已。

所謂的「做什麼動作」就是行動。本書談的都是觀念與行動，而第三章卻要針對「行動」，來談「行動」的觀念與「行動」的行動，也許你會覺得奇怪，其實一點也不奇怪。

成功學的始祖拿破崙‧希爾（Napoleon Hill）曾說：「當你有積極的思想時，就要馬上行動；行動是思想的結晶，一旦行動，思想就會成為事實。」

我們不難從拿破崙‧希爾的這句話中看出，他還是在提醒「行動」的重要性。我們從第一章的「起心動念」談起，當你有了正確且無惡的念頭，也明瞭要從建立團隊開始，卻沒有任何的行動計畫或是遲遲沒有行動，那前面我們所談的都是白費力氣。

行動本來就是完成想法的過程，透過行動才能將想法變成

實際可以完成的計畫。但是「慢慢做」與「馬上做」，卻存在著不同效益。雖然結果都相同，都是將想法實現，卻有著時間差的關係。

舉例來說：如果愛迪生現在還在世，他想要讓世上沒有黑夜的想法一直到現在才行動，那麼現在的歷史書寫的就不是愛迪生發明電燈泡，而是我們現在還處於夜晚等於黑暗的狀態。因此當你有想法、有夢想時，記得要行動。

因此第三個觀念我們要導通的就是「做」，也就是一般人所謂的行動，而且是馬上行動，不要遲疑。

關於夢想與行動，讓我想到一個小故事。

有位年輕人每隔三兩天就到教堂去祈禱，而且他的禱告詞幾乎每次都相同。第一次他到教堂時，跪在聖壇前，虔誠低語著：「上帝啊！請念在我多年來敬畏您的份上，讓我中一次樂透吧！阿門。」

幾天後，他又垂頭喪氣的回到教堂，同樣跪著祈禱：「上帝啊！為何不讓我中樂透？我願意更謙卑的來服侍您，求您讓我中一次樂透吧！阿門。」

又過了幾天，他再次出現在教堂，同樣重複他的祈禱。如此周而復始，不間斷的祈求著。

到了最後一次，他跪著說：「我的上帝啊！為何您不聽聽我的祈求呢？讓我中樂透吧！只要一次就好，讓我解決所有困難，我願終身奉獻，專心侍奉您。」

就在這時，聖壇上空發出一陣宏偉莊嚴的聲音，這聲音說著：「我一直有聽到你的禱告。可是你總是隔了好幾天才去買樂透，下次你要買哪一期彩券，先告訴我吧！」

這也許是不可能發生的事，但故事中的年輕人說出祈求的願望後，並沒有馬上行動，又或是沒有明確的說出想法，因此陰錯陽差的錯失了中樂透的機會。

其實這與心理因素有關，也與我在《志業》書中所提到的「積極態度」有關。積極的人與消極的人想法不同，行動方案也會不同。

我再舉一個例子來說明：一個渴望自由的囚犯，站在水溝的牆邊，他想要跳過水溝再翻過圍牆，如此就能到牆外享受自由了。

消極的人會說：「我跳得不夠遠，一定會掉到水裡，就算跳過了，牆那麼高，我哪翻得過呢？」

積極一點的人會說：「雖然我跳得過水溝，但我身高不夠

高，我得努力吃多一點，等長高一點再來翻牆。」

更積極的人會說：「我正在努力練習跳遠、跳高，但我還不夠好，我必須再準備準備。我相信有那麼一天，我會跳過水溝、翻過圍牆的。」

你認為這三種人的想法，哪一種比較優呢？我告訴你，都不優！只要你不敢跳、不敢搏，統統都只是牢裡的囚犯，你哪裡也去不了！電影《刺激1995》正充分說明了這樣的想法與行動。

我並不是鼓勵越獄，而是想藉由故事中的人來說出，一個真正有想法的人，都會變成有自信的人，那種自信會讓他變成一個不怕行動後果的人。他永遠相信，做了就有機會，即便失敗，他還是會一試再試，只要有機會的話。

在工作職場或創業的路上，和前面故事不同的地方是，你跌倒了、掉進水溝或是卡在牆邊上不去，都不會有人把你拖出去槍斃，你頂多喝口水，只要拍拍灰塵，爬起來就能再繼續，直到你成功為止。

只有你不斷的跳、不斷的試，累積並記取失敗經驗成為自己的養分後，你就過去了。或是走過這條路的前輩告訴你，其實你只要膝蓋彎一點、手掌攀高一點，加上你有無數次的失敗

經驗，你就能縮短重複失敗的時間，相信很快就能跨過去了。

「試著去做」才是正確的選擇，猶豫不決是讓你夢想無法前進的阻力，記得一旦有想法了，就要試著去做，馬上去做。

我在進行培訓時，有一堂課程就是在傳達這樣的觀念。課程進行時，我會要求包括學員與助教所有人都不能說話，全場只有我能說話，每一位學員需要依照指示，將手上的道具排列成我所要求的符號。因為學員不能說話，所有學員有問題或需要請求協助時，可以舉左手。課程活動進行中，只要舉起左手，助教就會過去給予協助。

我在課程進行時，第一次要求的符號都很簡單，參與的學員多數只要專注的想，一般都能在規定時間內排出我要求的符號圖形。我在第二次出題時，就會刻意提高難度並縮短時間，當時間越來越少時，就會看到有很多學員舉起左手請求協助，我們的助教就會過去幫忙協助。

由於助教不能說話，加上助教在事前已經被告知，當學員舉左手請求協助時，不能給予引導與教導，只能給予肯定的掌聲或否定的眼神，這點是學員不知道的。

我在課程中發現最大的問題就是，請求協助的學員很多，

但都是期待助教教他們如何排列，或是給予引導，很少有自己試著做做看，從做的過程中，其實會得到肯定的掌聲，只要做對的話。

這堂課是我每次課程中必排的活動性課程，原因很簡單，說要「做」看似很簡單，但因為「做」連結著想法與念頭，加上若有一定的難度，「做」就變得很不容易去做了。一旦「做」這件事變得不容易，多數的人就會開始猶豫不決、裹足不前，連試都不願意去試，這就是我在這堂課程中要傳遞的。

▲ 「做」是自信的展現

回到渴望自由的囚犯身上。如果你不去試，或者沒信心試，就算職場老將在你耳邊告訴你成功的祕訣和方法，對你來說也是雞同鴨講，完全無效，你的選擇還是不會去「做」。

為什麼呢？因為你沒練習過，等於沒有經驗，你永遠只是停留在現狀上，羨慕別人比你好，而不相信自己只要練習一下，也可以領高薪、當主管，甚至假以時日，就能自己當老闆。

我們在傳直銷領域上看過太多的人，都是因為沒經驗，或是因為抗拒，而不願意試試看。有些人則是不願聽從有經驗的人給予的指導與意見，用了自認為比較好的方式，最後都因和

預期落差太大而選擇放棄，真是太可惜了。

我在工作職場上，看過太多條件、能力比我優秀的人，在年輕時就一直抱怨環境、抱怨自己的運氣，甚至懷疑自己的能力，不相信自己可以更棒，然後就一直停留在現狀。之後慢慢進入中年而開始徬徨無奈，比我還要早面臨中年失業的狀態。當這些人面臨中年失業危機時，多數也就選擇了屈就。假若他們能像我一樣，嘗試選擇面對新的事物，試著去「做」，或許就會有不一樣的人生。

我並不是要大家都來從事傳直銷業，而是當你有機會面臨選擇時，何不試著「做」看看？沒試過，永遠不會知道結果是不是自己想的。其實，努力讓自己更好是沒用的，只有相信自己已經變好了，敢敲老闆辦公室的門進去談加薪，或者已經準備好良禽擇木而棲，開始談跳槽的人，才會是一種充滿自信的人，因為你去「做」了。

傳直銷業在臺灣發展了將近 40 年的時間，然而社會對於這產業的認知普遍是低的。我剛接觸傳直銷業時，跟多數的人想法一樣，直到認識了我的好兄弟，才開始對這個產業有了不一樣的看法，並與現在的公會理事長結緣，讓我對傳直銷產業有更高的期許。

　　近 40 年來，沒有人試著去「做」，或是「做」了成效不彰的事情，但是我們「做」到了。我們成功的把傳直銷產業教育推進了大學，而且還是產業專門學分班，讓更多的青年學子，能以正確的知識認識傳直銷。我相信再過一段時間，會有更多的大學開設這門課，甚至為傳直銷設立一個系所。

　　只有這樣，勇敢的採取行動，才會是最後的贏家！

　　有自信的人永遠在採取行動，而採取行動後卻失敗的人，他所問的問題和紙上談兵型的人所問的問題，絕對會不一樣。

　　傳直銷事業的發展，就如同自己創業一樣現實，一直採取行動的人，從失敗中累積的經驗都是很寶貴的，這些經驗可以讓他看到前輩走過的路。這也是為什麼不斷在嘗試中失敗的人，都能在很短的時間內成功的因素。

　　然而一個沒自信的人，永遠都是在學習、在準備、在取經，永遠都只是紙上談兵。我真心希望所有的傳直銷從業人員，或是你目前還在猶豫不決該不該投身傳直銷產業的人，不要再懷疑自己的不完美，趕緊相信自己，唯有去「做」，你才會得到不一樣的結果，去「做」你就是贏家！

▲ 行動是夢想的開始

我在偶然的情況下聽到了一首歌，一首讓我特別注意的歌。我之所以印象深刻，主要是因為歌詞的意境。這首歌的歌名是《夢想啟動》，收錄在周杰倫的《12新作》專輯當中。

以往我對周杰倫的認知是，我總是聽不清楚他在唱什麼歌詞，對於我這個老花眼的人還要看歌詞才知道他在唱什麼，總覺得很吃力，即使他的歌曲旋律都很好聽，但是實在聽不懂歌詞，索興就不聽了。

但是當我在偶然的機會下聽到《夢想啟動》這首歌的副歌時，我突然發現歌詞是那麼的有意義，旋律是那麼的動人，難怪他在華人圈能夠如此受到歡迎。

我特別去找了這首歌的歌詞並且記下來，其中那段：「微笑吧！就算不斷失敗，站起來，再重來，把脆弱推開，信心在腦海別讓靈魂空白，在現在，在未來，我為你喝采！」真是深深敲入我心！

說到這裡，讓我想起有一次在電臺聽到另一個藝人郭彥甫的畫畫夢想故事，這個故事值得分享給有夢、有目標的你。

郭彥甫從小就喜愛畫畫，相信畫畫可以豐富他的人生。雖

然郭彥甫是明星，但他卻不貪心，只要能盡情的畫畫，他就感到心滿意足了。小時候的他便展現了畫畫的藝術天分，父母卻認為畫畫工作辛苦又沒保障，希望他選擇其他職業。即使他長大當了藝人，工作如此忙碌，也從未放棄過畫畫。他說他要持續畫到老，畫到拿不穩畫筆為止。

我因為這樣的故事，特意去看了他的畫展，他的畫雖然不能稱得上大作，卻是如此的生動、有活力。作品中有一幅跑步者的畫讓我駐足停留許久，雖然不知道他畫的是誰，但那位畫中的人臉上充滿自信，全力衝刺的表情栩栩如生，那種自信也能從腳上的肌肉線條清楚看出來，這個人是多麼的奮力向前，努力的往前跑。

原本以為郭彥甫只是一個藝人，而且我一直分不清楚他與他的雙胞胎兄弟誰是誰，沒想到這個帥哥藝人，也有如此令人感動的夢想堅持，而且一直在行動。

行動是夢想的開始，行動才能讓夢想實現。寫到這裡，讓我又想起周杰倫的《夢想啟動》，如果你會唱，就一起哼吧！

「在現在，在未來，我為你喝采！」這句真的很有意思，我們可以想像，只要你有行動，就會有一位關心你、期待你達

成夢想的人為你喝采，那是多麼振奮人心的一件事啊！在你夢想未達成，感覺到疲累而停下腳步時，只要望著行動夢想的成果，提醒著自己仍有夢想未完成，就勇敢去行動，不要害怕失敗，「做」就對了！

我的筆記本中，有一段抄錄自《記得你是誰：哈佛的最後一堂課》一書中，由臺灣大學講座教授洪茂蔚所撰寫的推薦序，其中一個段落提到：「行動是夢想的開始，一個人有夢想是最幸福的，少了夢想的人就如同一個枯乾的軀體、了無生氣，但是有了夢想卻沒有行動就只是紙上談兵、毫無意義。」

的確，只有夢想沒有行動，夢想怎麼可能會實現呢？就如同即使藏寶室的門上插著鑰匙，如果少了去轉動鑰匙的行為，再怎麼想要得到藏寶室中的寶藏，也都只是空想而已！

如果你的心中有夢，要勇敢去「做」。邁開你的腳步大步向前走，努力建構屬於自己的夢想目標。並不斷的提醒自己，你的夢想目標仍未完成，要多加努力，去「做」就對了。

▲ 別想太多，去「做」就對了

如果你在目前的工作上有下述的感受狀態，我會提醒你一定要小心，因為你想太多了：

我應該是個蠻糟糕的人，因為我之前的工作都做不久。

我現在的薪水很低，看起來未來也好不到哪裡去。

也許我的能力真的不好，不然不會每次都被主管罵。

我很努力工作，但我還有許多要學習的地方。

我學歷不好，所以我必須努力再進修提升我的學位。

以上的問題看起來狀況都不一樣，有人想努力改變自己不足的地方，有人對未來呈現高度的期待，更有人對現狀垂頭喪氣。這些表象上看起來是不同的問題，但在我看來，本質上都一樣，都是缺乏對自己自信的問題，簡單來說就是想太多了。

消極的人我們就不說了，那些看起很積極、對自己很有期待的人，為何一樣會有自信心低的問題呢？沒有人是完美的，所有的成功者永遠都是放大自己的優點，盡可能遮掩自己的弱點，就是因為夠瞭解自己，才能不去想太多，而不斷的行動再行動。

我常在課程中對學員說：「不要多問，先做就對了！別把事情想得太難，當你碰到沒做過、不知如何做的，先做再說，多做幾次自然而然就上手了。只要重複做，就能把不會的變成很熟練的，變成一種習慣反應。」

　　這也是我在「生手與專家」的課程中，常提點學員兩者的差異點在於「次數的問題」，沒做過的事，對我們來說都是生手，當重複了幾次，最後變成習慣，我們就成為專家了。

　　先做就對了，原因事後再想。所有的一切，就從這句話開始：「好的，沒問題！我來試試看。」當你遇到沒做過或沒有經驗值可以參考的事時，去「做」就對了。

　　先做就對了，實際動手去做。絕大多數的人，在沒有明確的做法或無法探尋做下去會有什麼結果時，通常都不願意動手去做，那是因為他們沒有十足的自信，所以無法動手去做。但也因為這樣，他們就無法改變自己。

　　人，總是習慣舒適圈，也就是自己習慣的、方便的、有感覺的生活模式。因為不想丟臉、不想冒險、不要不習慣的，所以需要有一定的把握，才願意去面對、去挑戰、去接受，於是面對從未經歷過的事情時，就沒勇氣去接受、去投入。

　　我記得我的好兄弟曾告訴我一件事，他說他接了一個公司想要解決早期獎金制度分配過於偏頗的顧問案，這個顧問案前期讓他接得很辛苦。原因是他被邀請去瞭解該公司的獎金制度問題，他研究瞭解後，對該公司提出了三種解決獎金制度問題

的方案。第一種為修改獎金領取條件，第二種為調整各項獎金分配比例，第三種為直接改成全新的獎金制度。

經過公司高層開會決議後，該公司決定採用第三種方式。但問題來了，負責推動該方案的員工，給公司高層的回應是，市場不願意改成全新的制度，原因是不能確定新制度比原本的好。於是該公司高層找了系統公司試測新的獎金制度，試著看看相同的組織、相同的業績所產生的差異。

結果出來後，新的獎金制度解決了原本存在的問題，但在獎金獲取上，各階層比原本的獎金制度只好一點點。負責推動的員工回應，只有好一點點不容易推，也不建議推，不如維持現況就好。就這樣，這件事就卡在這裡，讓他的顧問案遲遲無法結案。

就當這件事卡在高層想做、員工覺得不如不要推的時候，該公司的董事長說了這句話：「既然改了也沒有更好，但也不會變差的情況下，我們是不是應該全力去做做看？因為做了才有機會更好，沒做就只會讓問題越來越嚴重。你們願意讓問題越來越嚴重嗎？」

我們都知道，傳直銷公司變更獎金制度，某種程度上對於公司是一種傷害，只是這種傷害是大是小而已。但若真有必要

去執行，而且已經評估過了，這時候千萬記得，做就對了，因為所有的傷害都是預估過的，如果修改獎金制度的目的是正向的，是經過溝通的，能將傷害降到最低，問題也能被解決，那就去做。

當你的上司徵詢：「有沒有人要負責這個專案？」在思考自己行不行、能不能勝任的同時，請不要徬徨、不要猶豫，立刻舉起手回答：「好！我來負責！」

這樣除了可以得到上司的注意與關注外，你還可以藉助眾人的智慧，一起協助你「該如何做才好」，進而獲得經驗。透過此種經驗的獲得，你將看到自己快速成長。因為同事們的幫助、上司的建議，都能開啟你不曾有過的經歷。

假若因為害怕失敗而不願意挑戰，雖然不會嘗到失敗所帶來的痛苦，但也同樣無法獲得成功所能享受的甜美果實。我個人所謂的失敗，是指沒有任何作為就放棄了，正因為沒有任何作為，就不會發生任何結果，也就是失敗。如果你選擇了投入與挑戰看看，在還沒成功之前，都只是在尋找成功的方法，除非成功未到來前，你就選擇了放棄。

我在上課培訓時，只要碰到需要示範或需要有人上來協助

時，我總會說：「自願的人請出列。」此時總發現，會舉手的人大概就是那固定幾位。也因此，我開始改變方式，我採用稍稍會延誤課程時間，但後續效果很好的方式。這方法就是：「自願的人坐著不動，不願意的請出列上臺。」這個方法我試過好幾次，效果真的不錯，這讓多數的人至少都能動起來。

有一句廣告詞是這樣說的：「**不做，不會怎麼樣。但做了肯定會不一樣。**」

也許就是你的那句：「好！我來負責，我試試看！」從別人眼裡來看，你會變得跟別人不同，你周遭的人會開始對你產生一種想法：「你好厲害！」、「你好勇敢！」

所有第一次接觸傳直銷的朋友，都是沒有經驗。也就是因為沒經驗，所以就怯步不前，選擇走回自己習慣的領域，回到自己的舒適圈。但人生中所經歷的每一件事不是都有第一次嗎？要對自己有信心，那會讓你看起來更強大。

在一個風雨交加的夜裡，一對老夫妻走進一家旅館，他們想要一個房間。櫃臺的工作人員委婉的告訴他們：「對不起，我們旅館已經客滿了，一間空房也沒有剩。」

工作人員看著這對老夫妻失望的眼神，實在不忍心讓他們拖著疲憊的身軀再去別的地方找住宿，尤其是在這樣的深夜

裡。況且其他的旅店恐怕早也已經客滿打烊了，這對疲憊不堪的老夫妻，豈不是要流落街頭？

於是好心的工作人員將他們帶到一個門上沒有號碼的房間，對他們說：「這麼晚了，如果你們不嫌棄的話，就在這裡休息一晚吧！」

老夫妻看見眼前是一間整潔又乾淨的房間，就很愉快的住了下來。

第二天早上，當這對老夫妻來到櫃檯前準備結帳時，工作人員對他們說：「不用了！因為我只不過是把我自己的房間借給你們住罷了，祝你們旅途愉快！」

原來這位工作人員自己一晚都沒睡，他就待在櫃檯值了一個通宵的夜班。老夫妻十分感動的說：「孩子，你是我見過最好的旅店經營人，你會得到報答的！」

他笑了笑，回說：「這算不了什麼。」

幾個月後，這位工作人員有一天收到了一封信，他打開來一看，信裡面有一張到紐約的單程機票，並附上簡短的留言，留言的內容是要聘請他去做另一份工作。

他乘著飛機來到紐約，依照信中所指示的路線來到了一個地方，抬頭一看，一座金碧輝煌的大酒店聳立在眼前。

原來，幾個月前的那個深夜，他接待的那對老夫婦，是一個有著億萬資產的富翁和他的妻子。這位富翁為這位工作人員在曼哈頓買下一塊地並蓋了一間大酒店，並且深信他會經營管理好這間大酒店。

這間酒店，就是全球赫赫有名的華爾道夫飯店，而這個工作人員，就是華爾道夫飯店的首任經理。

去做就對了！

在我們過往的成長歷程中，所接受的教育都是認為未來是可預測的。比如我們只要用功讀書、努力學習，就可以找到好工作，過著幸福、快樂的人生。但是，在現今的環境裡，有太多太多事是無法規畫或預測的，因為環境的轉變如此快速。當「變」似乎是唯一不變的定律時，我們更應該學著去面對，面對所有的改變與轉變。

這些轉變與改變對我們來說都是第一次，都是不熟悉、不習慣的，為了讓自己能適應生存，「做」就對了！

行動篇

　　有一本書，書名叫做《Just Start》（開始去做就對了），是由美國貝伯森學院校長史萊辛格與其他兩位作者共同撰寫，書中就傳授了一個簡單的方法。簡單來說，行動要如何去行動，這個方法就是：「行動、學習、成長、重複」。

　　雖然這本書是針對創業家面對未知的未來時，會採取的行動方案所撰寫的，但我個人認為，這能適用於每一個人在面對沒有把握、面對會有所變動的狀況時，可以參考的依據與方式，所以我分享給大家。

　　當你面對這些沒有把握以及會轉變的未知未來時，請不要試圖去分析它，因為有很多的突發狀況會產生。你只要採取行動，從中學習，然後再次行動。我更具體的說明如下：

一、先是有一個夢想與培養你對這夢想的強烈欲望

　　當你有一個夢想時，你要開始去想，想像這個夢想能帶給你的好處，你不需要很多熱情，只需要有足夠你實踐這個夢想

的欲望去做支撐。

不論你會不會、懂不懂，當支撐你想要完成這個夢想的欲望夠強烈時，行動力就會產生。例如：「我真的很想從事傳直銷，雖然我毫無經驗、毫無頭緒、不知如何開始，但我知道它能解決我的問題，給我時間與財富上的自由。」

如果這樣的欲望夠強烈，你就會去行動。至於如何做，請教已經成功的人或是有經驗的人就可以了。

二、用最快的速度，朝著你的目標邁出成功的第一步

什麼是成功的第一步？

所謂成功的第一步，就是要懂得運用身邊的資源與支援，包括所有可以運用的人、事、物，並迅速行動。

比如說：問要問對人，我們常聽到身邊有人剛接觸傳直銷還在猶豫不決時，這人總會說：「我回家與家人研究看看。」

這裡的研究看看，如果是要研究如何做，那對象就弄錯了，你的判斷也不容易得到正確的第一步，除非你的家人已經擁有了成功的經驗。

問對人、做對事、選對工具，是你邁向成功的第一步。而且要快，不要拖，拖得越久，欲望會漸漸變小，然後你又要從

第一步驟重來一次。

三、隨時反省，以增加心得才能內化經驗

　　你必須這樣做，因為每次你採取行動，現實就發生變化。有時候你採取的步驟讓你更接近目標，只要用心注意，你永遠會學到一些東西。

　　所以採取行動後，要時常問自己，這些行動不論有無達成你所設定的成果，是否有讓你學習到什麼？因為這些學習，會讓你下一次的行動不會再犯相同的錯誤，進而才能內化成屬於自己的經驗。

四、重複

　　重複的進行「行動、學習、成長、重複」的循環。

　　這就是一再獲得成功的創業家征服所有未知結果的行動方法。這個方法對他們有效，我相信對大家也有效。尤其是從事傳直銷領域的朋友，傳直銷是一種事業的經營，並非產品的銷售，既然是事業的經營，對我們而言也就是在創業。好的行動方法我們就取經來用。

　　做就對了，馬上行動吧！

　　當每次重複做這樣的循環時，怎麼讓每次循環都能越來越好，需要透過擬訂計畫，才能讓循環呈現正面向上的循環。

第4章 擬訂計畫

有方向的計畫，才不會像無頭蒼蠅般亂闖，浪費了時間，
也才能讓追隨自己的人有所依循。

觀念篇 ➤

　　兩位同樣是應屆畢業生的阿泉和阿俊，到一家百貨批發公司工作，工作上，他們倆都非常賣力。沒幾年，阿俊很快就獲得了老闆的賞賜，一再的被拔擢，一路從業務員到業務主管，而阿泉則好像被遺忘似的，至今還只是個業務員。

　　有一天，阿泉終於吞不下這口氣，忍不住向老闆提出辭呈，大膽說出老闆沒有用人的才能，辛苦的員工沒有獲得賞賜，只偏袒拍馬屁的人。

　　老闆聽完阿泉的一番氣話，他也知道阿泉這幾年來一直非常賣力，在工作上的努力絕對不亞於阿俊，不過阿泉就是少了一樣東西。為了讓阿泉深刻瞭解自己和阿俊的差距，老闆出了一個題目。

　　老闆這麼說：「或許我真的有些眼拙，不過我想證實一下，你現在到市場看看有沒有人賣西瓜。」

　　阿泉很快到了市場，找到賣西瓜的人，便回到公司向老闆稟報，阿泉說：「報告老闆，市場上有在賣西瓜的。」

老闆接著問：「那麼，他們的西瓜一斤賣多少？」

此時阿泉又跑到市場去問那個賣西瓜的，然後再回到公司向老闆交差。老闆告訴阿泉：「你跑了兩趟很累，休息一下，你看看阿俊怎麼做的。」

老闆找來了阿俊，吩咐阿俊去做同樣的事情，過了不久，阿俊回來報告說：「老闆，市場我都找遍了，只有一個攤販在賣西瓜，一斤賣十二塊，十斤特價一百塊，庫存還有三百四十顆，市場內大概還剩五十八顆，每一顆西瓜大約都有十五斤左右，前兩天才從南部新鮮運上來的，全部都是紅肉西瓜，品質上還不錯。」

一旁的阿泉聽了之後覺得很慚愧，終於瞭解自己和阿俊之間的差別，他決定不辭職了，立志和阿俊看齊。

別人為什麼比我們成功？是不是有什麼祕訣？其實阿俊只是比阿泉多想、多看、多瞭解一點而已。同樣的一件事情，別人看到了幾年以後可能會發生的事情，而我們只是看到明天會怎麼樣，一天和一年的差距是三百六十五倍，我們有什麼條件去贏過別人？

想一想，人生的道路你看了多遠？你的設想周不周到呢？

是不是有計畫？

下列問題是我在培訓課程中的一堂課，課程目標是要訓練計畫思考模組，你可以試著讓自己測試看看：

▲ 題目：指揮官與工兵的故事

指揮官傳達給工兵的命令如下：

- **任務**：把一份機密戰略情報傳遞給前線作戰盟軍。
- **禁忌**：雙方的情報交換絕不能使用電子相關設備。
- **時效**：明天早上6點出發，晚上12點前抵達盟軍基地。

指揮官指示之路線分析：

- **傳統路徑**：山中小路66公里，預估所需時間22小時。
- **直線捷徑**：渡河加穿越地雷區30公里，預估所需時間12小時。

指揮官擬訂的行動計畫：

- **A計畫**：走傳統路線，每小時加快1公里的速度以完成使命。

- B 計畫：走捷徑，穿越地雷區來完成使命。

計畫分析：

- A 計畫：有走過，較有把握，但要克服每小時加快速度近 1 公里的狀態，持續 18 個小時。

- B 計畫：有多少地雷？不清楚。需要多少時間穿越地雷區？不清楚。

工兵可利用之工具：

- 布雷爆破工具。

- 直昇機，但最多只能飛 1 小時。

任務執行結果：

工兵先搭乘直昇機抵達河對岸，來到地雷區邊界，工兵運用布雷爆破工具，順利通過了地雷區。最終工兵順利將情報內容用隨身碟交給盟軍，完成任務時間是隔天凌晨 1 點。

看完以上「指揮官與工兵的故事」之後，請你仔細分析，在 5 分鐘內完成回答下列問題：

1. 你認為在整個計畫過程中，有哪些需要調整或改變的地方？

2. 工兵的任務結束後，可能帶來哪些效應？

工兵雖將任務結束，但比預定完成任務的時間晚了一個小時，所以嚴格來說不能算完成任務。這部分是我在上這堂課時，最多學員提出討論的問題點。原因是有多少地雷？不清楚，需要多少時間穿越地雷區？不清楚。太多的不確定性讓時間無法被正確估算，導致完成任務的時間被延遲。

一般我聽到學員在討論這部分問題時，我會提出其他方向的問題來引導學員的計畫思考方向。工兵為何選擇 B 計畫？工兵的專長是什麼？情報的交付，為何會用隨身碟？指揮官為何將任務交給工兵，而非步兵？

現在提出另外兩個問題，條件與之前敘述的故事都相同：

問題一：如果你是指揮官，你會做何計畫來完成任務？

問題二：如果你是工兵，你會做何計畫來完成任務？

是不是兩個答案不一樣？不一樣的原因在於兩個人的立場想法與專長都不同，所以產生的計畫自然就大不相同。

▲ 什麼是計畫

　　從管理學的角度定義上來說，計畫是指根據對組織外部環境與內部條件的分析，提出在未來一定時期內要達到的組織目標，並實現目標的方案途徑。這是從組織、公司層面來認識的計畫概念，但我想和大家一起探討的是從個人層面來認知和理解計畫，來學習和掌握擬訂計畫的方法。

　　計畫是一種有條理，一步一步去進行的工作方法。「計畫」這兩個字給人一種條理分明、按部就班、方方正正、工工整整，有一種受規範的印象。就計畫而言，大到工程控制管理，小到個人的日常工作行為管理，都可以說是計畫的一種表現。我們若能掌握得好，運用得當的話，它可以幫我們有效的完成一個龐大的夢想與目標。對於我們任何一個個體來說，它都可以有效的幫助我們過好每一天，完成每一項工作任務。

▲ 為什麼要擬訂計畫

　　為什麼我們要擬訂計畫？尤其是從事傳直銷事業的朋友。從傳直銷的角色來看，傳直銷是一個高度自我管理的行業，它不像上班一樣，有一大堆的規矩來限制你，告訴你應該怎麼做，要如何做。多數人一旦脫離了約束的範圍，在想法上很自

然的就會鬆懈下來，而導致行為脫序或不可被控制。所以從事傳直銷事業的朋友，你更應該要為自己訂下計畫，並擬好行動計畫，讓自己能在一定的範圍之內，達到你原本從事傳直銷事業的目標。

擬訂計畫的好處如下：

- **可控性**：一份有效的工作執行計畫，能夠使你每天的工作具有可控制性與目標性，進而增強自我管理和主導的能力。

- **條理性**：一份好的計畫，能夠幫我們分辨清楚事物的輕重緩急，讓我們知道什麼該做？什麼不該做？什麼要先做？什麼可以之後再做？也因此能夠讓我們更有效的利用時間，使自己的工作更有條理與效率。

- **主動性**：一份符合自己需要的計畫，往往能夠讓我們更加主動的去行動和學習，形成對自己的驅力，自然而然的督促著我們自己往計畫目標前進，甚至會幫助我們去培養良好的習慣。

- **應變性**：有人說：「計畫永遠趕不上變化，所以沒必要把計畫訂死。」其實恰恰好相反，雖說計畫永遠趕不上變化，但是一份詳細的計畫，一定都有明確的目

標導向及完成目標的方法。當變化產生時，我們可以循著計畫內容跟著調整完成目標的方法，所以擬訂計畫的應變性，總比沒有擬訂計畫而不知所措來得好。

另外，會說出「計畫永遠趕不上變化」的人，其實是他的計畫擬訂得不夠詳細，又或是目標被改變了，才會有這樣的話出現。

擬訂計畫的好處很多，前面我只簡單列舉幾項，既然對你有好處而沒有壞處，最多只是浪費你一點點時間去寫下你的計畫內容。至於要如何擬訂計畫，我們留到下一節「行動篇」再來細談。

看到這裡，你可能會問我，為什麼不先擬訂計畫後才開始行動，而是把行動的章節放在前面，計畫章節放在後面呢？

按一般常理來說，你的想法絕對沒有問題，應該是擬訂好計畫後，才依照計畫內容去行動。在此我卻把章節對調，原因是第三章所談的「行動」，與擬訂好計畫後的採取「行動」是不一樣的。

前者的行動是指心念、想法，是在告訴大家不要怕，「做」就對了，那是屬於心理層面的問題；而後者的「行動」是指實

際的動作，應屬於動詞。

如果心理層面沒有想要「行動」，那肯定不會為這個「行動」擬訂計畫，或是擬不出一份詳細的計畫，那後者的「行動」就不會產生真正的行動，或產生目標性的行動。

再簡單一點來說：心裡沒有想法、沒有念頭，就不會去擬訂計畫，更不用談會有任何的動作產生了。

▲ 做事有計畫，輕鬆又簡單

我在我的講師培訓課程裡，一開始總會先訓練學員如何「說故事」，並不斷的強調「說故事」的重要性。

如果你想透過說話打動人心、說服或影響他人，與其講一堆大道理或拿出一堆數據來佐證，倒不如講個有趣且到位的故事來得管用。就像我在書中常常用故事來說明我想表達的意義與道理。

這幾年來，多數的行銷策略都會搭配一個背後的故事來包裝，姑且不論這個故事的真實性如何，這些帶有故事的行銷方式，確實都能讓人很容易記住，進而達到行銷的目的。

但是要把故事說得好、說得動人，「如何說故事」是一件很令人頭痛的事。舉例來說：有小孩的人一定都會經歷過一段

往事，你的小孩每天晚上臨睡前，總要「強迫」你講故事給他聽。你說得不精采或是說錯了，小孩都會直接吐槽你、讓你難堪；但是如果說得太精采，小孩又會興奮得睡不著覺，失去了說床邊故事的真正目的。久而久之，你就開始失去了說故事的熱情與生動活潑感，開始為了每天晚上的例行公事，感覺到不耐煩而應付交差了事。

其實說故事也可以是有計畫的，你只要按著這個計畫邏輯去說故事，原本一個平凡無奇的事件，也可以成為動人心弦的故事。除非你只是把別人早已寫好的故事照著唸而已。

「皮克斯動畫工作室（Pixar Animation Studios）」是賈伯斯先生創辦的公司，這個工作室除了動畫製作的功力很高外，它還有一個強項，就是敘述故事的功力也很強，難怪會成為年產量大、且幾乎部部賣座又能帶動潮流的公司。皮克斯有很多部膾炙人口，又是原創性的動畫電影，像是《玩具總動員》、《怪獸電力公司》、《海底總動員》、《料理鼠王》、《瓦力》、《天外奇蹟》、《勇敢傳說》……等。

原創故事最難的是故事的串接架構，如果你仔細觀察這些故事的內容大綱就不難發現，皮克斯在說這些故事時，大致上是雷同的結構，甚至還可以把它解讀成一道皮克斯講故事的標

準公式。這道公式大致是這樣的：

很久很久以前⋯⋯，每一天⋯⋯，有一天⋯⋯，因為那樣⋯⋯，因為那樣⋯⋯，到了最後⋯⋯

接下來我們把這道公式套用在熟悉的動畫電影《海底總動員》上，看看是不是真的符合上述的公式：

很久很久以前，海底住著一對小丑魚父子馬林與尼莫。

每一天馬林（小丑魚爸爸）都告誡尼莫（小丑魚兒子）大海很危險。

有一天，尼莫為了反抗過度保護的父親，獨自游到陌生的海域。

因為那樣，牠被潛水夫抓到，並且將牠困在一位牙醫師的魚缸裡。

因為那樣，馬林踏上了尋找尼莫的冒險旅程，一路上得到許多海洋朋友的幫助。

到了最後，他們終於父子重聚，並且重新找回對彼此的愛與信任！

　　是不是很詳盡的把電影故事大綱交待得很清楚？

　　你可以試試看將這道公式套用到所有的電影裡，所有的劇情是不是都不脫離這道公式呢？當然，你也會發現即便是好萊塢的娛樂大片也是如出一轍：「很久很久以前，有一個掌管宇宙的天神家族，每一天天神家族的爸爸總在提醒他的兩個小孩，尤其是老大，要能承擔得起保護宇宙的任務。有一天弟弟跑到地球上來搗蛋，大家都很困擾，因為那樣，哥哥就找了一堆超級厲害的地球朋友來幫忙打弟弟，到了最後弟弟終於被打敗，就被哥哥帶回天上去了。」

　　哈哈！你一定知道我在說哪部電影了吧！

　　說故事也是如此，可以依照固定的模組套用，只是把角色對象換掉，故事細節交待得更細緻些，就是一個生動的故事了。說故事都能依據既定的計畫去進行了，更何況是我們日常生活的大小事。

　　「千里之行，始於足下。」如果你從事傳直銷事業，未來都有機會掌管龐大的組織團隊，你要踏穩組織管理的第一步，就是先學會管理自己。用計畫來管理自己，依計畫內容的執行方案來規範自己，當你所有事務都已經習慣性的用計畫來執行時，未來再龐大的組織管理與問題，你都能輕而易舉的解決。

　　如果我們把從事傳直銷事業當作自行創業來看，你選定了創業目標與確定創業的動機之後，而在資金、人脈等各方面的條件都已準備妥當或已經累積了相當實力，這時候你就必須提出一份完整的創業計畫書。

　　這份創業計畫書是整個創業過程的靈魂，在這份計畫書中，詳細記載了一切創業的內容，包括資金規畫、階段目標、財務預估、行銷策略、可能風險評估、內部管理規畫……等，在你建立自己的傳直銷事業過程中，它是你必要依賴的執行準則。只要依照計畫書的步驟去做，依照計畫書的指示去執行，按部就班的做，你的創業路就可以很輕鬆。

　　也許你會問我，傳直銷也要寫創業計畫書？我個人認為，所有的創業行為都應該寫創業計畫書，即便是傳直銷。這樣至少可以降低創業失敗的風險，並且讓自己更能堅定創業的目標。除此之外，還有兼具說服他人的功能，例如：讓反對你從事傳直銷事業的朋友、家人不用過度擔心；讓你想推薦的朋友，藉由這份創業計畫書讓他能安心、放心的與你一同努力。

　　至於要如何寫傳直銷創業計畫書呢？這點你就不用緊張了，跟著你的團隊與你的系統領導人走，因為系統就是一種計畫《系統操作手冊》，就是一本創業計畫書，這樣你找到了嗎？

　　按計畫做事，輕鬆又簡單。按系統去做吧！讓你的傳直銷事業發展真正的輕鬆又簡單。

　　《禮物》這本書的作者史賓賽‧強森博士，在書中提到：「沒有人可以預測未來，也沒有人可以控制未來。然而，你越是清楚去想像你所期望的未來，好好去計畫它，然後現在去做些事情幫助它實現，你的焦慮就會越少，就會越來越瞭解未來。」沒有目標的人生就不會有方向；而少了計畫，目標就沒有辦法實現；目標和計畫一樣重要，都是實現夢想缺一不可的步驟。懂得設定目標、擬訂計畫，是逐步實現自己夢想的最好方法。

行動篇

　　一個身手矯健的獵人，到遠處山上探望與他年紀相當、同樣英勇的獵人朋友，兩人閒話家常後便相約上山打獵。兩個人約定在太陽下山前，到上山路口的檜木處會合，並分享彼此的戰果。

　　體格相同、配備相同的兩個人，在太陽下山時碰面一比，戰果卻是如此的懸殊：遠處來訪的獵人獵到幾隻野兔和幾尾蛇，而另一位在地的獵人卻比他多獵捕到一頭野豬、一隻鷹和幾隻松鼠，相形之下遠處來的獵人遜色許多。

　　收穫較少的獵人有點不服氣，但仍很有禮貌的恭禧他的朋友說：「你真的很厲害！」

　　而收穫較多的獵人說：「沒有啦！我只是對這裡的地形，還有動物的習性、出沒地點做過研究，我只是有計畫性的依照這些動物的習性與出沒地點設置陷阱，讓我比較不浪費時間去追捕獵物。」

　　就連奔放於山野之中、豪邁瀟灑的獵人，粗獷中還帶有溫

和的細緻，都懂得計畫謀略、深入研究，才能使得他奔馳於山林，立於不敗之地。

獵人打獵要有好效果，需要計畫；軍隊作戰，訓練士兵也需要計畫。瞭解敵情是計畫，評估後防是計畫，探測氣候、地形⋯⋯等，每一個小細節，都能形成環環相扣的「大」計畫，只要一步走錯，可能就全軍覆沒。可見事前一套完整的計畫多麼重要。從事傳直銷事業，又何嘗不是另一種形式的戰爭呢？

美國前總統林肯說過：「如果我們知道自己目前身處於何處，並且事先知道將往何處去，我們就可以更明確的判斷該做哪些事，以及該如何做。」也就是說，我們要很清楚自己「要做什麼」，而不是「做了什麼」，那麼計畫就是在告訴你該做什麼的來源。

目前企業界普遍運用以下兩種方式來做計畫（Planning）。

一、「DOME」：

Diagnosis（診斷）：現在的狀況如何？

Objectives（目標）：想要完成什麼？

Method（方法）：用什麼方法去完成？

Evaluation（評估）：工作進度定期查核。

二、「5W2H」：

Why：先問自己為什麼要做這決定？

What：想要完成的是什麼？

Who：誰能給予協助與幫忙？

When：何時要完成目標？

Where：從什麼地方開始做？

How to：用什麼方法去完成？

How many：要投入的預算？

無論是用哪一種方式來做計畫，如果能有一套詳盡的計畫，加上腳踏實地、按部就班的去執行，對我們來說簡直就是如虎添翼。可惜大多數的人都忽略了計畫的重要性，盲目去闖蕩，目無章法、費盡力氣的就想拚出個好成績來，你不覺得很難嗎？

研擬出一套計畫來依循，根本就不會浪費你的時間，反而還幫你節省時間，縮短你完成目標的時間。因此，現在就拿出紙和筆，開始為你自己擬訂人生計畫、撰寫工作計畫吧！

掌握了這種方法以後，再也不用為制定的目標無法實現而苦惱了，因為你可以很輕鬆的完成自己的目標。

在你開始提筆寫下你的人生計畫或工作計畫前，我要再次提醒各位朋友，不論是哪一種計畫，最終都有一個要完成的目標，而你的計畫，是為了完成這個任務而去堅持實踐的。因此，在規畫你的計畫前，需要掌握五要素，把這五個要素放入你的計畫當中，你在執行計畫時就不會感覺痛苦，因為那是為了夢想在做的事，即便做的是你不喜歡或不習慣的事，但由於結果是你要的，過程就會變得非常快樂。

這五要素包括：

一、要有使命感：

比如要減重的人，無論採用什麼方式減重，多數人都在堅持了幾天或幾十天之後，就選擇放棄，原因就在於他們沒有使命感，只是單純為了減重而減重。

如果給自己設定一個使命，減重不是單純的為了減肉，而是為了提升自己的形象、讓自己活得更加輕鬆自信，或是為了能穿上所有美美的禮服，這樣就會產生源源不斷的動力了。

如同穆斯林的使命一樣，每年一到朝聖季，聖城麥加總會湧入超過上百萬名的穆斯林，他們從世界各地不遠千里趕過去，就是為了完成身為穆斯林的使命，這個使命是一生至少要

去麥加朝聖一次。正是因為他們有這樣的使命，所以不管遇到多大的困難，都會想辦法克服，最終完成這個使命。

二、要制定目標：

這裡的目標是要具體的，要從使命去制定，而不是不明確的目標。目標是為了將使命具體化，比如說為了能穿上所有美美的禮服而減重，就要制定出一個明確的目標。這個目標包括了何時要完成？總重要減多少？哪個部位要減多少？把這些細節更明確的制定出來。有了使命感，自然就會全力朝向這個目標前進。

大部分的人在制定目標時都沒有使命感，所以完成的機率很低。比如每年新年我們都會許一個新希望，可是每到年底只會感到失望，原因就在於，只有目標的計畫，沒有使命感，完成度是很低的。僅僅是為了賺錢而賺錢，這樣的目標制定出來以後，是很難實現的，道理是相同的。

三、要細分目標：

所謂的細分目標，就是將大目標拆解成不同階段的小目標。中國富豪王健林說過一句話：「制定一個小目標，先賺它

一個億。」當時很多人都笑了，其實他說得一點都沒錯，只是他是站在自己的角度去說，一個億對他來說是非常小的目標。

制定了大目標後，要將大目標分解成不同階段的小目標，而小目標就是把計畫完成的過程。比如設定的大目標為一年，那一季的小目標是什麼？一個月的小目標是什麼？一周的小目標是什麼？每天的小目標又是什麼？分得越細，你就越清楚自己該怎麼做、如何做。依序完成所有制定的小目標，就會擁有成就感，就更有信心達成大目標。

四、要有行動計畫：

有了小目標以後，接著要去制定行動計畫。為了完成這些不同階段的小目標，我們該做哪些事情？什麼時間做？怎麼做？把這些問題全部細化分解了，就會非常清晰的看到，每天我們要做哪些事情？花多少時間？什麼時候開始？什麼時候結束？這就是行動計畫，才不會陷入瞎忙的狀態。

五、要有反饋機制：

當我們開始執行計畫時，每實現一個小目標，或是到了一定的時間，都要去回顧一下。看看這段時間所執行的計畫怎麼

樣了，是否有需要調整方法？如果有，要如何進行調整？利用這個方式，能讓自己看看目前進行的成果，也可順便調整一下進度。

因為計畫內容不可能一成不變，會隨著時間而變化，在整個計畫的執行過程中，肯定會遇到一些問題，即時將問題解決，才能讓計畫更順暢的進行下去。但請千萬記得，大目標是不能改變的，使命更是不能改變，否則就執行不下去了。

接下來，我們來談談擬訂計畫的原則和步驟：

一、先易後難：

在制訂計畫的過程中，建議你應該把一些簡單容易的事情優先解決掉，再重點解決較難的問題，這樣才能使你更專心解決重要的問題。不然你不僅可能沒有解決好最重要的事，而且連最簡單的事也沒做好。

二、要緊原則：

重要且緊急的事要立馬解決，重要但不緊急的事要優先處理，依照這樣的方式去制定計畫，就會更容易完成你的每一個小目標。

　　運用下表矩陣圖，能協助自己在解決問題時更釐清每件事對你來說的意義，在判斷時，要秉持自己的原則與方向。

　　要注意的是，對現在來說困難但不緊急的事，可能在日後變成困難又緊急的事，所以妥善的安排計畫並依序執行，才不至於當未來那個時機點到了之後，必須慌忙的解決原本困難但不緊急的事。

簡單又緊急的事	困難又緊急的事
簡單但不緊急的事	困難但不緊急的事

▲ 擬訂計畫的六個步驟

一、設立明確的目標

　　牛頓說：「一旦確立了自己的目標，就不應該再因任何事物動搖為之奮鬥的決心。」

　　一個人之所以會成功，除了目標要夠明確之外，也要非常清楚所抱持的使命跟理念。夢想一定要遠大，但目標的設定卻要夠合理。永遠要對自己比設定的目標再高一些，而不要讓自

己甘於這樣就好。

　　無論你想做什麼計畫，都得先替這個計畫設定一個目標，沒有目標的計畫就如同找不到方向的人生。當你有了明確的目標，就會變得專注，一件事情只要你很想達成，就會想辦法找出時間完成它，這個計畫才能被落實。

二、擬訂詳細的計畫

　　所有成功的人都擅於將他們的工作設定成目標，然後擬訂成執行計畫，並將它一一實現。所以我們不僅僅需要長期、中期、短期的計畫，更需要將計畫裡面的執行細節寫出來，寫得越詳細越好。

　　當你寫得越詳細，就能夠越貼近現實，也能幫助你點出原本可能考慮不到的事情。

三、設定優先順序

　　除了設定目標之外，也要懂得設定優先順序，設定了優先順序才能讓你瞭解什麼是最重要的，什麼是次重要的事。

　　如同上述的原則所述，當你能夠劃分清楚計畫工作的優先順序，你才不會因為要做的事情太多，而不知道從哪開始；當

你設定了優先順序，就可以從最重要的事情開始做了。

四、訂定獎懲

　　有了目標、有了計畫，知道了優先順序，你還必須時時督促自己，最好設立一個獎懲方式，用這個獎懲來督促自己。當你達成了小目標，就給自己一點小獎勵；當你進度落後了，就給自己一點小懲罰。

　　獎賞是很有效的方法，當你完成了某個小目標，就犒賞自己一番，這會讓你變得更積極、更正向，更想趕快完成下一個小目標。

五、養成習慣

　　當我們依照執行計畫去做，若碰到一成不變的執行內容時，時間一久就容易怠惰。此時，習慣的養成會變成幫助我們維繫行動的最好幫手，我們可以藉由養成習慣，讓一成不變的執行內容變成一件理所當然的事。

　　最簡單的方式，就是在制定執行計畫時，將一成不變的行為，設定成在固定時段固定要做的事，例如每天睡前一小時要做的事、每天起床一小時內完成的事，當你能夠替自己設定固

定時段要做的事，並且把該行為養成一種習慣，你的行動就能變得持久，並且不需要任何人督促你，你也能持續下去。

六、確實執行

每一個計畫能否被完成，最終全取決於執行力。執行力效能高的人，懂得一邊執行計畫、一邊修正計畫。如果我們不是屬於這類型的人，不懂得該如何修正計畫，至少也要確實去執行我們自己所制定的計畫。

雖說計畫是死的，但是計畫能調整修正的，保留一些彈性，只要調整修正得當，它可以提高執行效率，更有可能加快完成時程，但確實執行才是完成計畫的唯一準則。

記得！只要計畫制定完成後，確認按計畫執行就能達成目標，就確實的去執行吧！

做好計畫很容易，執行計畫比較難，按部就班去執行，計畫就會被完成。從事傳直銷事業的朋友，除了你的傳直銷事業發展營運計畫或創業計畫是你必要做的，或是已經有模組能讓你依循，另外還有兩項計畫，是你一定要加入並自行制定的，這兩項計畫是：

一、成長計畫：

「十有五而志於學，三十而立，四十而不惑，五十而知天命，六十而耳順，七十而從心所欲，不踰矩。」人生有不同的成長階段，更何況傳直銷事業。

傳直銷事業在不同階段也會有不同的需要，為你自己的不同階段設定不同的成長計畫吧！讓自己的能力隨著組織的壯大、事業版圖的擴張，越來越強，這樣才能穩固自己的江山。

二、專業計畫：

隨著組織的擴張，階段能力的提升，另一項重要的課題就是專業的提升。在成長過程中，強者生存，我們之所以比別人生存得更好，就是因為你做得比別人更加專業。

組織發展時間一久，我們要關心和解決的問題會不一樣，所以，如何使自己變得更加專業、更加強大、做得更好，就要隨時懂得從各種專業角度去擬訂自己的專業計畫，以面對不同的問題。

《六韜》是中國古代的一部著名兵書。內有提到：「凡謀之道，周密為寶。」作戰必須如此，而人生是一連串的戰鬥，

是不是也要做好計畫呢？

　　有計畫是好的，但執行計畫時，要怎麼更有效率及效益，就需要了解什麼是做對的事情。

第 **5** 章 做對事情

判斷事情怎麼樣才是對的事情，而不只是把事情做對！

觀念篇

"What is right to be done cannot be done too soon."

「做對的事都不會嫌太早。」

-Jane Austen - 珍·奧斯汀（文學家）

珍·奧斯汀（1775－1817）是英國文學家，一生著有六部小說，其中以《理性與感性》和《傲慢與偏見》最具代表性。她以細緻入微的觀察和活潑風趣的文字著稱，並勇於挑戰當代的階級意識與價值觀。

"Have the courage to say no. Have the courage to face the truth. Do the right thing because it is right. These are the magic keys to living your life with integrity."

「要有說不的勇氣，要有面對真相的勇氣，做對的事只因為它是對的事，這些是以正直態度過生活的金鑰。」

-Clement Stone - 克萊門特·史東（美國企業家、慈善家、作家）

克萊門特·史東（1902-2002）出生貧窮，但早年靠自己

的努力在行銷業致富，後來成立了保險公司。在美國總統尼克森競選期間，捐贈了 10 億美元政治獻金，同時他也是成功勵志書籍作家。

"Initiative is doing the right thing without being told."

「主動是不用別人講就做對的事。」

-Victor Hugo － 維克多‧雨果 （作家）

維克多‧雨果（1802-1885）是法國浪漫主義作家的代表人物，同時為詩人、小說家及劇作家，他的小說以《孤星淚》及《鐘樓怪人》這兩部最為著名，前者還被改編成音樂劇《悲慘世界》。

"You cannot make yourself feel something you do not feel, but you can make yourself do right in spite of your feelings."

「你無法讓自己感受你沒感受到的事，但你可以使自己做對的事，無論你的感受為何。」

-Pearl Buck - 珀爾‧巴克 （小說家）

珀爾‧巴克（1892-1973）是美國（旅華）作家，中文名為賽珍珠，其許多著作都與東方文化有關，所著小說《大地》

（The Good Earth） 在 1932 年獲得普利茲小說獎 （Pulitzer Prize），並在 1938 年獲得諾貝爾文學獎。

"I think your chances of coming out okay are better if you do what you think is right."

「我覺得做你認為是對的事，你將會比較順利。」

-Ann Landers - 安・蘭德斯 （專欄作家）

安・蘭德斯（1918-2002）是美國家喻戶曉的筆名，其真名為 Eppie Lederer，她的「Ask Ann Landers」專欄接受讀者來信提問生活問題，曾在北美各報紙同時刊登長達 47 年之久。

"The time is always right to do what is right."

「做對的事永遠都是時候。」

-Martin Luther King - 馬丁・路德 （民運領袖）

馬丁・路德（1929-1968）以非暴力方式領導黑人抗爭美國種族歧視，在 35 歲成為史上最年輕的諾貝爾和平獎得主。他在華盛頓遊行的「我有一個夢想」演說，奠定了他在歷史上的演說家地位。

"Integrity is doing the right thing, even if nobody is watching."

「正直是做對的事，即便沒有人在看。」

-Jim Stovall - 吉姆‧史都瓦（作家）

　　吉姆‧史都瓦是位盲人作家，為全球知名小說《超級禮物》（The Ultimate Gift）的作者，該小說不但翻為多國語言，也改拍成電影。吉姆也是位運動員，曾創下奧運舉重佳績，且在 2000 年獲頒「國際人道主義獎」。

"Courage brother, do not stumble, though thy path be dark as night: There is a star to guide the humble, trust in God, and do the right. Let the road be dark and dreary and its end far out of sight. Face it bravely, strong or weary. Trust God, and do."

「拿出勇氣來兄弟，不要跌倒，雖然道路如同夜晚般漆黑：星星會為卑恭的人領路，信任上帝，做對的事。讓路程漆黑、乏味、看不到終點。勇敢面對它，無論堅強或疲倦。相信上帝，並且行動。」

-Norman Schwarzkopf - 諾曼‧施華蔻（陸軍將領）

　　諾曼‧施華蔻（1934-2012）為美國退休陸軍將領，在波灣戰爭期間擔任聯軍的總指揮官。

5 做對事情

"Let us all do what is right, strive with all our might toward the unattainable, develop as fully as we can the gifts God has given us, and never stop learning."

「讓我們都做對的事,用我們所有的力量朝達不到的努力,盡我們所能充分發揮上帝給我們的天賦,並從不停止學習。」

-Ludwig van Beethoven- 貝多芬 (音樂家)

貝多芬(1770-1827)為德國作曲家及鋼琴家,史上最具影響力的作曲家之一,他失聰後仍繼續演出及作曲。他共作 9 首交響曲、35 首鋼琴奏鳴曲、10 首小提琴奏鳴曲及 16 首弦樂四重奏。

"I try to do the right thing at the right time. They may just be little things, but usually they make the difference between winning and losing."

「我試著在對的時間做對的事,它們可能只是小事,但通常它們造成贏與輸的差別。」

-Kareem Abdul-Jabbar - 卡里姆‧阿布都 - 賈霸(NBA 球員)

卡里姆‧阿布都 - 賈霸(1947-)在 NBA 職涯中共得 38,387 分,為總得分紀錄保持人,他的「大勾手投籃」為其最獨特之處,因此被取名「天勾賈霸」。他在 NBA 共獲得 6 次

全國冠軍及 6 個最有價值球員獎。賈霸曾拜師李小龍學習武術，並在李小龍自導自演的 《Game of Death （死亡遊戲）》裡飾演最強的高大敵人。

"A man does what he must in spite of personal consequences, in spite of obstacles and dangers and pressures."

「一個人做他必須做的，不計個人後果、不計阻礙、危險及壓力。」

-John Kennedy - 約翰‧甘迺迪（美國第 35 任總統）

約翰‧甘迺迪（1917-1963），43 歲時獲選為美國史上第二年輕的總統，然而卻在任內第三年遇刺身亡，甘迺迪總統至今仍是美國人民最敬仰的總統之一。

▲ 明確的目標，是要有使命感的

做對事情，是所有成功人士的共通特質與想法，即便連我這樣的人，也都會想要「做對事情」。但偏偏最多只是「把事情做對」，雖然結果是相同的，但感受性不同，自然會發生不同的效果。

有一個擅於劈柴的樵夫，在森林裡一天就能砍伐許多木

5 做對事情

材。經年累月之下，他的斧頭已經鈍了，鈍到無法順利伐木，但是他卻懶得磨斧頭，他自恃著自己的功力與經驗，到森林裡可以不費吹灰之力，就能砍下許多樹木。

某天，他一如往常到森林裡工作。一位獵人遇到這位滿身大汗的樵夫，看了看他手中的斧頭，對這位樵夫說：「樵夫兄，你的斧頭該磨一磨了，它已經不利了，無法順利伐木了！」不過這個樵夫卻依然故我，不理會這位獵人的忠告，寧可砍得汗流浹背，也不肯花時間將斧頭磨利。

杜拉克曾對「做對的事」（do the right thing）與「把事情做對」（do the thing right），有一些他個人的見解，對我來說非常受用。如果把上述的故事套用進來，對於「到森林裡伐木」是「把事情做對」，因為這是樵夫的工作，如果沒有做這件事，樵夫就無法養家糊口，沒辦法賺錢謀生。但是「磨斧頭」是「做對的事」，在「到森林裡伐木」之前就應該準備好工具，工欲善其事，必先利其器，用銳利的斧頭來伐木，確實可節省很多時間，更重要的是能省下更多力氣，可以用省下來的力氣砍伐更多的樹。

我們可以看到樵夫固執己見，不磨斧頭，以致於他伐木時氣喘吁吁，這就是用錯誤的方式「把事情做對」，結果往往

事倍功半。所以做任何事前，都應進行策略規畫，問問自己：「我應該做這件事情嗎？如果不做會怎樣？有沒有其他替代方案？」雖然事前花費的時間較多，卻可以減少事後收拾爛攤子的時間。

如果用其他文字來解釋如何做對事情，我會用「明確的目標」。為什麼我會這樣說呢？原因是多數的人都像樵夫一樣，分不清什麼是「做對事情」與「把事情做對」，總認為「有做就對了」，雖然結果一樣，但效果不一樣，感受也不同。

我再嚴謹一點來說，明確的目標是要透過有使命的計畫來完成的；而為了養家糊口，樵夫是沒有使命的，他只是為了做而做，所以他自然就不會在意其它更應該在意的事。

如果說他把「為了養家糊口」這件事，提升為「為了讓家裡的生活環境或生活品質更好，讓家庭生活更美滿」的使命感，他就有可能會為了多砍一些柴而去磨利斧頭；為了多陪陪家人而提早完成每天要完成的砍柴數量。

簡單來說，有目標，只能把事情做對；有明確的目標，能做對的事。

從傳直銷組織發展來看，身為一個上線、領導者必須「做對的事」，為自己、為組織團隊所有人規畫一個願景與目標，

帶領組織成員往對的方向前進,而不只是為了提升組織業績績效而已。也不能因為自己的一時疏忽或經驗不足,把組織伙伴帶往錯誤的方向,這樣就算底下的成員再有執行力,到最後也只是枉然!

傳直銷的組織發展中,「教育訓練」一直都是很重要的活動項目。如果從一開始已經決定要將伙伴們帶往那個方向,所有的任何教學活動、課程設計都會與其目標環環相扣。這樣的教育訓練才會有核心價值,這樣的教育訓練才不會有頭痛醫頭、腳痛醫腳的感覺。

我們看過很多的團隊,一下子忙著辦業務技巧提升訓練,一下子忙著舉行激勵訓練。過了一段時間,又忙著教授專業,發現效果好像都不好,所以就趕緊辦潛能訓練。這樣沒有系統化的教育排程,都是沒有明確的教育核心價值目標,只有為了提升績效的訓練。

只教業務訓練不是不好,透過潛能訓練來開發團隊伙伴潛能,進而提升能力、提升業績不是不好,而是當他學會各項業務技巧,從而提升了業務能力後,你能確保那些人一定會留在你的組織團隊中,與你一同奮鬥打拚嗎?

所以你應該要從一開始就決定要將伙伴們帶往哪個方向,

規畫好各項不同階層、不同階段的人所要參與的教學活動，透過教育訓練傳達團隊的核心價值。

這樣的教育訓練方式，可能讓你的組織發展偏慢，但至少有一件事是可以肯定的，就是這樣教育出來的人才流失率較低，低流失率就能讓你心無旁騖的往最終目標前進，你才能享受甜美的果實。

不要為了訓練而舉辦許多華而不實的活動，為了增加表面的績效而舉辦非必要的課程，最後搞得伙伴們不但業績沒有提升，反而抱怨連連。

▲ 做對事，開啟大視野

有兩隻餓昏頭的狼，發現了一片大草地，在這片草地上，長滿了綠油油的嫩草。狼A見了高興不已，狼B不解的問：「你又不吃草，你高興什麼？」

狼A說：「羊愛吃啊！」

狼B一聽馬上回應：「好耶！那我們在這等吧！」

但狼A還沒等狼B把話說完，牠就飛奔要離去。狼B又問：「你要去哪裡？」

狼A說：「我要把這個好消息讓羊群知道呀！」

有一隻鼬鼠想要與一隻獅子決鬥，牠跑去找獅子下戰帖，獅子斷然拒絕了。鼬鼠問獅子：「你害怕輸給我嗎？不然為什麼要拒絕我的挑戰？」

獅子回答：「如果我答應你，不論輸贏，都對我沒有好處。既然是對我沒有好處的事，我就沒必要接受」。

鼬鼠問：「此話怎說？」

獅子望了鼬鼠一眼，緩緩的回答：「不論輸贏，你可以得到曾與獅子比武的殊榮；而我呢？以後就會被所有的動物恥笑，恥笑我竟然和一隻鼬鼠打架。」

兩隻餓昏頭的狼的故事，讓我們看到了人與人之間成就的差異，這差異的區別，是視野上的不同，而不是視力上的不同。

視力可以看到一樣的東西，只是清晰或模糊的差異；但是視野卻可以看到不同的世界，二者的高度不同，日後的成就也會有所不同。

鼬鼠與獅子的故事，讓我們清楚知道，不要被不重要的人、事、物干擾，因為成功的祕訣就是抓住具體可行的目標不放，用穩健踏實的步伐，一步一步邁向目標。

綜合以上兩則故事來做總結，我會說，要抓住具體可行的目標不放，才能放大自己的視野，而不是侷限於眼前所看到的

事物。

以傳直銷的獎金設計角度來說，級差制的獎金設計，是為了讓伙伴們能在銷售利潤上有更大的空間，因此在整體獎金的設計分配上，就容易出現銷售或消費的獎金占比，大過於其他各項組織的獎勵總合，如：銷售獎金占比＝ 40%；領導獎金＋培育獎金＋分紅＝ 20%。

因此，我們常看到很多伙伴忙著在做個人的產品銷售，而忽略了組織的培育與發展。原因除了不瞭解或不熟悉如何發展組織團隊外，最重要的一點就是目標問題。這個問題來自於他們將目標眼光放在看得到且能掌握的區塊，那就是銷售獎金。因為銷售獎金有 40%，其他的加起來都沒有銷售獎金來得高，而且還要慢慢培養組織伙伴成長。把希望寄託於別人身上，倒不如自己去銷售還比較快。

基於上述的因素，把目標放在容易取得的 40%，而不是把目標放在獲取組織獎金的團隊建構。管理大師彼得‧杜拉克曾在他的書中強調：「要做對的事，而不是把事情做對。」因為方向正確，才能事半功倍，快速達成目標。例如開車，若沒有正確的方向，可能要繞更遠的路，甚至無法到達目的地。

在傳直銷事業的路上，人與人成就上的差異，其實就是來

自於目標的選定。當你的目標選定是屬於「做對的事」，而非「把事做對」，別人在休息的時候，你在陪同或輔導伙伴；別人在玩樂的時候，你在進修或參加各種培訓班；別人在想著如何找業績來源的時候，你在想著如何讓伙伴的能力增強；別人在抱怨的時候，你在思考著解決之道。

　　正因為這樣選擇的行為，才能讓你達成傳直銷業真正的成功。因為經營傳直銷事業的終極目標是組織團隊的建構，而將目標設定在組織團隊的建構，才是「做對的事」。當你的組織團隊隨著你選定的目標擴大時，你的視野也會隨之更大，因為你會看到不一樣的成果，你的心也會跟著有更遠大的夢想。所以不要再短視近利，忙著銷售、削價競爭，這必將自毀長城而招致失敗。

▲ 「做對的事」比「把事做對」更重要

　　我老婆是學校老師，她在教導我們的小孩自有她的一套道理，所以在我們兩個小孩的教育上，我很少給予方法與意見。有一天，我在家整理資料時，聽到老婆在跟 16 歲的兒子聊天，她叮嚀兒子要調整自己的時間來做有效率的唸書，這樣才能有更多的時間與其他優秀的孩子一起學習、一起玩樂。

聊天的內容提及有計畫、有效率的唸書是正確的事，而不是做只把書唸完這種對的事就好。聽著老婆與兒子的對話內容，我看到兒子點點頭說：「我會的！」的那個畫面，我真的覺得老婆真偉大。

那一次的聊天內容中，印象讓我最深刻的是我聽到老婆提到彼得‧杜拉克所說的：「要做對的事，而不是把事情做對。」這句話，我也常常在培訓課程中提起。但這兩件事到底有什麼根本上的不同呢？

我的解釋是這樣：

「做對的事」是帶領方向的策略者，

「把事做對」是著重效率的執行者。

前者是訂出正確方向；後者是找出好方法。前者是戰略的考量，後者是戰術的運用。以公司經營為例，前者是專業經理人以上的高階主管，訂出正確的經營方向；後者是員工，要把交辦的事做好。

以傳直銷事業生涯來說，前者是指為團隊訂出明確的方向和方針，然後依此去執行；而後者是指為自己做一些例行性的

事。其實兩者都是去做，而且必須要做，但是因為想法不同、目標不同，所訂出的執行計畫也不同。就算把計畫都完成了，也是會產生不同的結果。

至於什麼是對的事呢？就是你真正想要的結果，專注的把心力放在你期待的真正結果上，即便這個結果對現在的你來說或許在能力上遙不可及，但只要去做，而且是有計畫的去執行，這個你真正想要的結果，就會有完成的機會。所以，一旦真正瞭解自己想要的是什麼時，你就很容易做對的事了。

「做對的事」與「把事做對」這兩句話多數人都耳熟能詳。不對的事，做再多都沒有用。不對的事，認真去執行，比敷衍了事來說對組織的殺傷力更大。

雖然道理很簡單，但是在實務上，絕大部分的人還是非常認真的想「把事做對」，而很少去思索，這事到底應不應該做、值不值得做、為什麼要做。

因為絕大部分的人都是奉命行事，或是挑自己覺得簡單容易的事做，如果每個人心裡認為，既然上級已經決定，又何必問為什麼要做？只要根據指示，認真的「把事做對」就行了。如此一來，除了組織最高主管可能會去考慮做對的事之外，其餘的人只會認真去想把事做對。即便把事情做對、做完，也有

可能導致結果不盡理想，或偏離了原本預期的目標。

「做對的事」比「把事做對」重要。這句話說起來容易，但是真正發生在自己身上或是組織碰到問題時，又有多少人敢正面去質疑或反思自己是否在「做對的事」，還是擱置或忽略這一前提，只想「把事做對」？這樣下來，就是不斷在認真執行錯的事，做出一堆沒有意義、沒有成效的結果，還會付出慘痛的代價，卻又沒有學到教訓。

「做對的事」比「把事做對」重要，也容易讓人誤會只挑對的事做，應該是「把事情做對」這句話要建立在先「做對的事情」上。換言之，正確的解釋應該要這樣說：「做對的事情並把那件事做到最好」。

就觀念上來說，似乎兩者都重要。我們先來看看說這兩句話的人，他的原文與原意。

「做對的事（Do Right Thing）」跟「把事做對（Do Thing Right）」哪一個比較重要？這兩句話出自於現代管理學之父──彼得‧杜拉克大師，他的原文是：「Management is doing things right; leadership is doing the right things.」

意思是：「**管理是把事情做對，領導是做對的事情。**」

除此之外，彼得‧杜拉克也說：「Efficiency is doing things

171

right. Effectiveness is doing the right things.」

意思是：「效率是把事情做對，效果來自做對的事情。」

世界上有許多事情並不是純粹的只有黑與白，更多時候是存在灰色的，這些灰色地帶很難被明確的定義出來，沒有一定成功的做法，只有在比較之下，容易與不容易成功而已。

由於每個人的立場都不同，究竟要把事情做對，還是要做對的事情？沒有所謂哪一個比較重要，但就站在創業的立場，以傳直銷產業來說，「做對的事」就比「把事做對」重要；若您要的是效率，那麼您應該要「把事情做對」；倘若您要的是結果，那麼您應該要「做對的事情」，但要選哪一種，就看你如何選擇！

▲ 明確的目標等於做對的事

人生不同階段，會有不同設定值的目標，不論是哪一個階段或是哪一種目標，我們可以簡單分成兩大類目標：

一、人生目標類：

你想成為一個什麼樣的人？你想做點什麼樣的事，讓你覺

得你的人生是有意義的？你要為你的家人或親人做些什麼事？這些問題，都可轉化成具體且明確的人生目標，讓你去追求和實現。只要你能將目標之行動計畫確實的去執行，最後你想做的都會完成。

二、工作目標類：

工作目標類別包括：我這個工作能為公司帶來什麼樣的效益？我應該如何做才能達到工作上的效果？我期望的工作是什麼？我現在這份工作能不能達成我所期待的結果？我有哪些工作技能較差，需要強化，才能達成我所期待的結果？這些問題若是成為你的目標來執行時，都是屬於工作目標類別。

不論是哪一種目標類別，你有沒有發現，它都必須把問題或期待轉化為目標，而且是明確的目標。這些目標越明確，你就越容易找出執行的計畫與方法。因此先確立明確的目標，才是「做對的事」。

多數人的人生，不能說沒有目標，而是不論在人生類別或是工作類別上，沒有夠明確的目標，所以都很努力的把事情做對，但因為目標不夠明確，方向與結果所產生的狀態就是差強

人意。

　　明確的目標是結果，想要對的結果，就要做對的事情。因此設立明確的目標等於做對的事。你想要做對的事，還是把事做對呢？快訂下你明確的目標吧！

行動篇

▲ 為什麼要確定目標？

　　為什麼要確定目標？我在這就不再囉嗦了，其實大家都知道為什麼要確定目標，只是不知道該怎樣去確定目標罷了。所以我只是要強調，我們大家時時刻刻都應該要有這樣的觀念。還有，工作目標和人生目標是分不開的，它們是相互促進的，所以，我今天要從整體上來談確定目標，而不分工作或人生。

　　簡單來說，目標就是你未來想達到的狀態，未來想完成的事情。目標就是你的希望，就像昏暗黑夜中的一盞明燈，給你指明了方向。但在達成這個目標的過程中，肯定會遇到問題，所以不論是在工作上或人生的道路上，我們都應該要確立我們的目標，越早確立越好，好讓我們能在人生的道路上，早點邁向實踐目標的方向。

　　某一保險公司曾對 100 位哈佛大學的畢業生，做了一項追蹤調查，其調查的內容是讓當年的畢業學生寫下人生的目標，而這項調查一共追蹤了 40 年，40 年後該保險公司比對了這些

人 40 年前寫下的人生目標，發現了以下的驚人數據：

10 人已經死亡、13 人與小孩同住，由小孩扶養、25 人因各類不同的狀態，無法工作，在接受社會救助、還有 47 個人，為了生活還在忙碌的工作，他們都未完成他們的人生目標。但是有 3 個人早已完成了人生的目標，有 1 個人不只完成了人生的目標，甚至還超前了目標，更有 1 個人不僅超前了目標，甚至還協助了另 1 個人完成他的目標。

這項追蹤調查的報告指出，這 5 個完成人生目標的人，他們在 40 年前所寫下的人生目標，比起其它的 95 人來的更仔細、更明確、更有詳細的執行計畫。從追蹤調查的內容與數據來看，即便是一流的哈佛大學畢業生，完成人生目標的也只有 5%，這證明了一件事，目標的達成與學歷的高低沒有關係，只與自己所訂下的目標到底明不明確有關。

若以上述的數據來看，只有 5% 的人能夠成就自己夢想的目標，那你要當那 5% 的人，還是另外那 95% 的人呢？

所以說，別再說成功的人就只有那麼幾個而已，那是因為你還沒有確立好你明確的目標，又或是你根本就沒有任何的目標，最終的結果其實是一開始就註定了。

至於要如何尋找目標呢？其實我們每個人都有一定的目

標和理想，只是沒有細化和明確，沒有付諸行動。我們只要花點心思，就能從生活中或工作中，找到一點對你未來的成長和生活有價值、有意義的事，這些都是可以作為你的目標的。

▲ 設立明確目標的注意事項

　　明確的目標與不明確的目標差異到底在哪？舉例來說，我想要買屋子，這是目標，但不是明確的目標。若是明確的目標，會變成我想要買屋子，想要買 100 坪的 2 層樓的屋子，有 3 房 3 廳 3 衛，位置在淡水，大約需要 3000 萬，在 10 年後完成。這樣你瞭解了明確與不明確的差異了嗎？

　　要開始設立明確的目標時，為避免發生目標設立不明確，而無法達成目標，我整理了「六要」讓設立目標變的更明確的注意事項：

一、要具體：

　　知道自己想要的生活和未來。這就要知道詳細的目標計畫，將具體存在的問題，轉化成一個清晰且具體的目標任務。如上述想要買什麼樣的屋子，非常的明確。

二、要細分：

任何的目標都可以去細分不同階段的不同條件。如長期目標、中期目標、短期目標等，將這細分成短、中、長期可行的小目標，在不同的階段，去實現每一階段的目標，一步一步實現每一個小目標，並將小目標串起，來完成最終的長期大目標。如要花 10 年完成買 3000 萬屋子的目標，可粗分成每年要賺 300 萬，每個月至少要賺 30 萬，依此去實現各階段目標。

三、要量化：

在制定目標的過程中，一定要將目標和執行的工作計畫進行量化。我要做多少事才能一個月賺 30 萬、我每天要花多少時間來做這些事……等等，都要用比較客觀的數字來嚴格要求自己。

四、要可達成：

目標的設定並不是越高越好，確定目標最終是為了實現目標，而不是幻想，也不是要拿出來炫耀的。所以，確定目標是要能夠通過一定的努力，是要能夠達成的，不然設的太高而無法達成，這樣的目標也沒有任何意義。如我要買屋子，價值 1

億，在 1 個月內完成，這樣的目標，對於現在的我們是不可能達成的。

五、要有挑戰性：

目標設定也不是越低越好，太低太容易實現，容易失去鬥志，沒有成就感，最終會讓你成為一個沒有目標的人。設置目標要有一定的挑戰性，挑戰自己，挑戰自己的能力，這樣的目標才能激勵你。如以你的能力 12 年才能賺得 3000 萬買屋子，你訂下了 10 年的目標，這目標就變得有挑戰性。

六、要有時效性：

所有的目標設立，都必須要設定在某一個時間點完成，在這個時間的期間，才有時效性。比如說，我要在 5 年後換一支價值 5 萬元的 6 吋智慧型 4G 的手機，聽起來沒有錯，但問題是 5 年後還有 4G 的頻道嗎？時間有限，在正確的時間做正確的事，尤為重要。時間是一分一秒的隨時在減少，相應的目標計畫也應該控制在一定的時間內達成。

如果你真的想要成功，想要讓自己的生活過得更加有意義，目標的確實完成就變得很重要，尤其是目標管理的能力更

重要，目標制定的好壞，直接影響到目標的完成，甚至可能會關係到個人的成敗。

確定目標、設立明確目標、達成目標，是你我都應該天天注意與關心的問題。從現在此刻就開始做對的事，開始設立目標吧！

把事做對的過程中，還有許多需要運用智慧的地方，這樣才能順利解決問題，更快達到目標。

第 **6** 章 **運用智慧**

有智慧才能在遇到障礙時迎刃而解，
帶領與建立起凝聚力強的團隊。

觀念篇

　　智慧（Wisdom），是指人所具備神經器官的一種高級綜合能力，包括了感知、知識、記憶、理解、聯想、情感、邏輯、辨別、計算、分析、判斷、文化、包容、決定等多種能力；簡單來說，智慧是一種人類心智上的特殊能力，它能夠快速且有深度的了解事物、人心、事件、狀況等，擁有能夠思考分析、通達情理或尋求真理的能力。

　　這樣的能力，讓人可以去思考、分析、探求關於社會、宇宙、現狀、過去、未來等屬於「活」的問題，而不像其他動物只是單純為了繁殖後代而生存。

　　智慧與聰明不同，聰明是一種邏輯推理的能力，此種能力善於處理「死」的問題。意即，當問題有絕對的答案者，此種問題稱為「死」的問題，像是數學、物理、力學等等。

　　簡單來說：智慧是人在思索「活」的問題的處理能力；而聰明則是人在解決「死」的問題的推理能力。

　　不同的智慧，可以讓人們對同一件事有不同的發現或見

解。以下有一些小故事，看完這些小故事，能藉著你對這些小故事的發現與見解，對你的人生、工作、事業有正面且直接的幫助。

▲ 小故事一

有一個地處險惡的峽谷，谷底奔騰著湍急的河水，幾根光禿禿的鐵索橫亙在峽谷兩側的懸崖峭壁間，這就是過河的橋。

有四個人來到橋頭，一個盲人、一個聾子，和兩個耳聰目明健全的人。四個人一個接著一個抓住鐵索，凌空行進。結果盲人和聾子順利過了橋，一個耳聰目明的人也過了橋，但另一個卻掉下去谷底而喪了命。

這三個過了橋的人聚在一起討論，為什麼那人會掉下去？

盲人說：「我的眼睛看不見，不知山高橋險，所以放心的攀索。」

聾人說：「我的耳朵聽不見，不聞腳下咆哮怒吼，恐懼相對減少很多。」

耳聰目明的過橋人說：「我過我的橋，險峰與我何干？急流與我何干？只管注意落腳穩固就夠了。」

· 小智慧

面對任何事情，都要抱持著積極的態度和正面的思維。

正面思維會確保我們在處理任何事情時，都以積極、主動、樂觀的態度去思考和行動，促使事物朝有利的方向轉化。正面思維使人在逆境中更加堅強，在順境中脫穎而出，將不利於我們的因素轉變成有利的條件，進而將弱勢轉化為優勢。

▲ 小故事二

馬克‧吐溫小時候因為調皮，被媽媽處罰去粉刷圍牆。

圍牆有 30 碼長，比他的頭頂還高，他把刷子沾上油漆，刷了幾下之後，他看著刷過的部分，就像一滴墨水掉在一個球場上，他灰心喪氣的坐了下來。

這時他的玩伴桑迪，氣喘噓噓的提著水桶走了過來。

「桑迪，你來幫我刷牆，我去幫你提水。」馬克‧吐溫建議著，桑迪聽了有點動搖。

「還有，只要你答應，我就把我那腫起來的腳趾頭給你看。」馬克‧吐溫再說。

桑迪禁不起誘惑，好奇的看著馬克解開腳上包的布。當馬克解到一半時，桑迪突然提著水桶跑開了，因為他媽媽正瞪大

眼盯著他。

這時又走來另一個玩伴羅伯特，他嘴上啃著多汁的大蘋果，讓馬克看得直流口水。忽然間，馬克十分認真的刷起牆來，每刷一下都要打量一下效果，活像是個大畫家在修改作品。

「我正要去游泳。」羅伯特說，又說：「不過我知道你去不了，因為你得幹活，是吧？」

「什麼！你說這叫幹活？它正合我的胃口，你有看過哪個小孩能天天粉刷牆壁的？」馬克賣力的刷著，每個動作都讓他顯得很快樂。羅伯特在一旁看得入迷，連蘋果也忘了咬。

「嘿！讓我也來刷刷看吧！」羅伯特不禁的說。

「我不能把這件令我開心的事交給別人做。」馬克拒絕了羅伯特。

羅伯特開始懇求說：「我願意把這個蘋果給你！」

馬克終於把刷子交給了羅伯特，自己則是坐到陰涼的地方吃起了蘋果，並看著羅伯特為這得來不易的權利努力且高興的刷著牆。

一個又一個男孩子經過，這些原本要去玩耍的男孩，卻一個個留下來想試試刷牆的快樂。馬克因此收到不少交換物，同時很快的把牆刷完畢了。

· 小智慧

　　人是可以透過熱情，而感染他人的！透過智慧，可以把不是自己喜歡或感興趣的事物，轉變成可接受的。那就是付出熱情，熱情能激發我們的潛力，讓不喜歡變成可接受的活力。

　　遇到事情不要氣餒，不要安於天命。充分發揮你的才智，一定會有解決的辦法，再倒楣的事，也都有可以解決的方式。世界上沒有死胡同，只要願意動動腦，沒有什麼不可能的，最後或許還會有意想不到的收穫呢！

▲ 小故事三

　　小駱駝問媽媽：「媽媽，為什麼我們的睫毛那麼長？」

　　駱駝媽媽說：「當風沙來的時候，長長的睫毛可以讓我們在風暴中看得到方向。」

　　小駱駝又問：「媽媽，為什麼我們的背那麼駝？醜死了！」

　　駱駝媽媽說：「這個叫駝峰，它可以幫我們儲存大量的水分和養分，讓我們能在沙漠中十幾天不吃不喝而活著。」

　　小駱駝又問：「媽媽，那為什麼我們的腳掌那麼厚？」

　　駱駝媽媽說：「這厚厚的腳掌，能讓我們重重的身子不至於陷在軟軟的沙子裡，便於長途跋涉啊！」

小駱駝高興極了：「哇！原來我們這麼有用啊！」

‧小智慧

人生下來就有自己的用處，有些人適合讀書、有些人適合運動、有些人則適合藝術方面的創作，其實人生下來時上天就賦予了每一個人不同的能力。

我們不必怨天尤人，因為那是沒用的。再加上我們可以透過學習與模仿的能力，做到自己不擅長或是原本不會的事，讓自己變成你想要的那種人。

每個人從呱呱落地開始，就扮演著不同角色。不停的扮演、不停的更換，這就是在尋找適合自己的角色的過程，一旦角色找到了，也就讓自己的價值得到體現了。世上有太多的事需要我們去做，只要不絕望，對明天充滿憧憬，相信自己是一個有用的人，這樣肯定就能找到適合自己的事，所以千萬別小看自己。

天生我才必有用，可惜現在沒人用。一個好的心態，加上一本成功的教材，以及一個能讓你發揮的舞臺，你就能成為成功的人。每個人的潛能都是無限的，關鍵是你懂不懂得善用。

▲ 小故事四

顏回愛學習，品德與個性又好，是孔子的得意門生。

有一天，顏回上街去辦事，看見一家布店前圍滿了人。他上前一問，才知道是買布的跟賣布的發生了糾紛。

只聽買布的大嚷大叫：「三乘八就是二十三，你為啥要我二十四個錢？」

顏回走到買布的跟前說：「這位大哥，三乘八是二十四，怎麼會是二十三呢？是你算錯了，不要吵啦！」

買布的不服氣，指著顏回的鼻子說：「誰請你出來評理的？你算老幾？要評理只有找孔夫子，錯與沒錯只有他說了算！走！咱們找他評理去！」

顏回說：「好！孔夫子若評你錯了怎麼辦？」

買布的說：「孔夫子若評我錯了，我就輸上我的頭。那如果是你錯了呢？」

顏回說：「夫子若評我錯，我輸上我的冠。」

二人打著賭，找到了孔子。

孔子明瞭情況後，對顏回笑著說：「三乘八就是二十三！顏回，你輸了，把冠取下來給人家吧！」

顏回從來不跟老師鬥嘴，他聽老師說他錯了之後，就老老

實實摘下帽子，交給了買布的。那人接過帽子後得意的走了。

對於夫子的評判，顏回表面上服從，心裡卻怎樣都想不通。他認為老師已經老糊塗了，便決定不再跟老師學習。

第二天，顏回藉故說他家中有事，要請假回去。孔子明白顏回的心事，也不說破，便點頭准了他的假，顏回臨行前去向孔子告別。孔子要他辦完事即返回，並囑咐他兩句話：「千年古樹莫存身，殺人不明勿動手。」

顏回應：「記住了！」之後，便動身返家。

路上，突然風起雲湧、雷鳴電閃，眼看就要下起大雨。顏回連忙鑽進路邊一棵大樹的空樹幹裡想避避雨，他突然想起孔子的話：「千年古樹莫存身。」心想，師徒一場，姑且再聽他一次話吧！他便從空樹幹離開，沒想到才剛離開，一個雷響就把那棵古樹劈了。

顏回大吃一驚想說：「老師的第一句話應驗啦！難道我還會殺人？」

顏回趕到家中時已是深夜，他為了不吵到家人，就用隨身佩帶的寶劍撥開妻子房間的門栓。顏回到床前一摸，天啊！床頭睡個人，床尾也睡了一個人！

他心頭一怒，在舉劍要砍下時，又想起孔子的第二句話：

「殺人不明勿動手。」於是他點燈一看,床上一頭睡的是妻子,另一頭睡的是妹妹。

天亮後,顏回返回學校,看到孔子便跪下說:「老師,您那兩句話救了我、我妻子和我妹妹三個人!您事前怎麼會知道要發生的事呢?」

孔子把顏回扶起來說:「昨天天氣燥熱,我覺得會有雷雨,因而提醒你『千年古樹莫存身』;而你當時帶著怨氣離開,身上還佩帶著寶劍,因此我才告誡你『殺人不明勿動手』。」

顏回說:「老師料事如神,學生十分敬佩!」

孔子又開導顏回說:「我知道你請假回家是假的,實則以為我老糊塗了,不願再跟我學習。我說三乘八是二十三是對的,因此你輸了。你輸,不過輸了個冠。你想想,如果我說三乘八是二十四是對的,他輸了,那可是賠上一條人命,你說冠重要還是人命重要?」

顏回恍然大悟,跪在孔子面前說:「老師重大義而輕小是小非,學生還以為老師因年高而欠清醒呢!學生慚愧萬分!」

・小智慧

已經解散的音樂團體「優客李林」,有一首歌的歌名是《輸

了你，**贏**了世界又如何》，相同的，有時你爭**贏**了你所謂的道理，卻可能失去更重要的，這樣反而是不值得的。

在我們生活中也有類似的故事，人們往往為了顧全大局，所以會去衡量哪頭輕，哪頭重，但事情總有輕重緩急之分，不要為了爭一口氣，而後悔莫及。

很多時候，並不一定對的就是好的。當隨著年齡的增長，見過的事情越來越多時，你會有更深的體會。

▲ 小故事五

有一天，龍蝦與寄居蟹在深海中相遇，寄居蟹看見龍蝦正把自己的硬殼脫掉，只露出嬌嫩的身軀。寄居蟹非常緊張的說：「龍蝦，你怎可以把唯一保護自己身軀的硬殼丟棄呢？難道你不怕大魚一口把你吃掉嗎？以你現在的情況來看，連急流也會把你沖到岩石去，到時你不死才怪呢？」

只見龍蝦氣定神閒的回答：「謝謝你的關心，但是你不瞭解，我們龍蝦每次成長都必須先脫掉舊的殼，才能生長出更大、更堅固的外殼，現在面對的危險，只是為了將來發展得更好而做出準備。」

寄居蟹細心思量一下，自己整天只會找可以避居的殼，而

從沒想過如何讓自己變得更強壯，整天活在別人的護蔭之下，
難怪永遠都限制自己的發展。

・小智慧

有句話說：「平靜的大海，絕對無法訓練出勇敢的水手。」

沒錯！我們只有不斷的向自己挑戰，向生活挑戰，才能變
得更勇敢、更堅強。如果我們只忙著擔心可能會發生什麼樣的
不幸，那麼我們永遠都無法創造出屬於自己的傳奇。

溫室裡的花禁不起風吹雨打。人生貴在有很多的磨練與苦
難，這些經歷對一個人的成長是多麼重要。孟子曰：「天將降
大任於斯人也，必先苦其心志，勞其筋骨，餓其體膚，空乏其
身，行拂亂其所為，所以動心忍性，增益其所不能。」

意思是說，上天將要把重大使命降落到某人身上前，一定
要先使他的意志受到磨練，使他的筋骨受到勞累，使他的身體
忍飢挨餓，使他備受窮困之苦，做事總是不能順利。這樣的過
程才能讓他不動搖心志，更堅韌他的性情，增長他的才能。

每個人都有自己一定的安全區，你若想跨越自己目前的成
就，請不要畫地自限，勇於接受挑戰、充實自我，你一定會發
展得比想像中更好。對於那些害怕危險的人，他們會發現，危

險是無處不在的。

▲ 小故事六

春秋戰國時代，一位父親和他的兒子出征打仗。父親已做了將軍，兒子還只是馬前卒。

一陣號角響起，戰鼓雷鳴，父親托起一個劍鞘，上面插著一把劍，他鄭重的對兒子說：「這是家傳寶劍，佩戴身邊，力量無窮，但千萬不可以把劍拔出來！」

那是一個作工極其精美的劍鞘，由柚楠木所打造而成，上頭鑲著幽幽泛光的銅邊，細看露出的劍把，一眼便能認出是手工製作。

兒子喜上眉梢，想像著他佩戴如此的寶劍，英勇的在陣前殺敵。果然，佩戴寶劍的兒子英勇非凡，所向披靡。當收兵的號角吹響時，兒子再也禁不住英勇的豪氣，完全忘了父親的叮嚀，強烈的欲望驅使著他拔出寶劍，想用這把傳家寶劍奮勇殺敵，然而就在他拔出寶劍的同時，他嚇傻了。

一把斷劍，劍鞘中裝著一把斷掉的劍。

兒子嚇出了一身冷汗，頃刻間彷彿失去支柱的房子，轟然坍塌。結果兒子因失去作戰的勇氣，在臨收兵前，戰死於亂軍

之中。戰後父親撿起那把斷劍，沉重的說：「不相信自己意志的人，永遠也做不成將軍。把勝敗寄託在寶劍上，這是多麼愚蠢的想法啊！」

・小智慧

劍道高手，往往是無劍勝有劍。因為心中有劍，他們就會用自己頑強的意志和堅定的決心，取得最後的勝利。

所謂成功，不是指從來沒有失敗過，而是一次次失敗後，又可以勇敢的站起來！會讓兒子命喪黃泉的不是斷劍，而是他內心的力量喪失了。

其實我們自己才是一把劍，若要它鋒利，它就能鋒利，砥礪它、淬煉它，最後拯救自己的就只有它。

▲ 小故事七

一隻貓到樹林中捕鳥，牠碰到一隻貓頭鷹。貓頭鷹問貓：「親愛的大哥，你要去哪兒呀？」

「我要去樹林裡捕鳥吃。」貓回答道。

「啊！貓大哥，千萬別傷害我的小孩。」貓頭鷹說。

「你的孩子長什麼樣？這個你可得讓我知道。」貓問。

「我的孩子是長得最漂亮的那群。」貓頭鷹說。

「知道了。」貓認真回答後，貓頭鷹放心的走了。

貓在矮樹叢中找了許久，發現了一個鳥巢裡有一群美麗的小鳥，貓害怕是貓頭鷹的孩子而沒有下手。貓又找了一會兒，發現了另一群長得非常難看的小鳥，於是貓放心的張口飽餐了一頓。

貓在回家路上又碰到貓頭鷹，貓說：「你放心吧！我吃的是最醜的鳥。」

沒想到貓頭鷹回家一看，牠的「漂亮」寶貝都不見了，整窩裡除了幾根羽毛外，還留著貓的鬍鬚。

‧小智慧

每個人對事物的認知都不一樣，對同一件事的認知若有所差異，也會造成結果的差異。

從表象上來看，在每個父母親心中，自己的孩子永遠都是最優秀的。自己的小孩，自然就是最美麗、最漂亮的，但若換個角度看，別人可能就不會這樣認為。但父母親除了要撫養兒女成長外，另一個最大的責任是教導兒女，假如對孩子的缺點

視而不見，這樣的父母最終只會害了自己的孩子。

我有另一個看法，無論做什麼事，都必須要親自參與或瞭解。如果沒有參與或瞭解，那就是對過程沒有去督促和檢查，到最後就可能像故事中的貓頭鷹，得到與期待不同的結果。

▲ 小故事八

師父讓弟子到市集上買東西，弟子回來後，滿臉不高興。

師父便問他：「到底發生了什麼事，你這麼生氣？」

「我在市集裡走的時候，那些人都看著我，還嘲笑我。」弟子不悅的說著。

「為什麼呢？」

「他們都笑我個子太矮，可是他們哪裡知道，雖然我長得不高，但是我的心胸很寬闊呀！」弟子氣呼呼的說。

師父聽完弟子的話後，什麼也沒說，只是拿著一個臉盆，帶著弟子來到附近的海灘。

師父先把臉盆盛滿水，然後往臉盆裡丟了一顆小石頭，這時，臉盆裡的水濺了出來；接著，他又把一塊大的石頭扔到前方的海裡，大海並沒有任何反應。

師父說：「你不是說你的心胸很寬闊嗎？可是為什麼人家

只是說你兩句，你就生這麼大的氣？就像被丟進一顆小石頭的水盆，水花到處飛濺？」

・**小智慧**

　　人有很多想法上的不愉快，並不是由別人引起，而是自己創造的。

　　歸根究柢來說，都是自己狹窄的心胸造成的。「有容乃大」就是這個道理。

▲ 小故事九

　　有一個商人，賺了一大筆錢，打算用最快的速度回家報喜。正當他騎著馬奔馳在回家路途上，眼看離家就不遠了，這時候他的僕人發現馬的後蹄鐵上掉了一顆釘子。

　　「管它的，反正只剩幾個時辰的路程了。」商人一邊說，一邊趕著他的馬繼續向前跑。

　　中途休息時，僕人再次向商人提醒：「馬兒右後腿的蹄鐵已經掉了，是不是給牠重新釘上一個呢？」

　　商人回答：「算了吧！重新釘上一個要耗掉很多時間，會

擔擱我回家的時間。我現在正在趕路、趕時間呢！反正只剩下一小段路了，馬應該能挺過去的。」

說完他們又開始趕路，才走沒多久，馬兒開始一拐一拐的。就在過橋時，馬兒拐了腳，跌到了河裡，折斷了腿骨。

商人只好與僕人背上行李步行回家。當他到家時，已經比預期的時間晚了好幾個時辰。

・**小智慧**

當問題還小時，我們就要知道去面對、去處理，不要等到問題大了，再處理就來不及了。

小的錯誤或過失，如果我們不及時改正或調整，慢慢就會釀成無法彌補的大錯，因此，我們對小的錯誤絕對不能忽視。正如一塊鐵板，如果出現了小小的鏽蝕，我們不去理會的話，那麼這塊小鏽蝕就會開始慢慢侵蝕這塊鐵板，最後這塊鐵板會被侵蝕得體無完膚。

一個組織團隊也是一樣，若出現問題我們不馬上處理，認為這只是小小的瑕疵，那麼這個團隊，最後將會被這個小問題搞得支離破碎，甚至解散。

▲ 小故事十

一日早晨，一隻山羊在柵欄外徘徊，牠想吃柵欄裡面的白菜，可是牠進不去。

這時太陽東升，將光影斜照在大地，在不經意中，這隻山羊看見了自己的影子，牠的影子被拖得很長很長。

山羊心想：「我如此高大，肯定能吃得到樹上的果子，吃不吃這白菜又有什麼關係呢？」

遠處剛好有一大片的果園，果園並沒有被柵欄圍著。而園子裡的果樹上，結滿了五顏六色的果子，於是山羊就朝向果園奔去。

當山羊到達果園時已是中午，此時，山羊的影子變成了很小一團。

「唉！原來我是這麼矮小，這樣一定吃不到樹上的果子，看來我還是回去吃白菜好了！」

於是，牠很不悅的往回走。來到柵欄外面時，太陽已經偏西，牠的影子又變得很長很長。

「我幹嘛非要回來呢？」山羊很懊惱，「憑我這麼大的個子，吃樹上的果子是一點問題也沒有的才對啊！」

·小智慧

故事中的山羊，用自己的影子當作標準來判斷自己，得意時認為自己很高大，失意時認為自己很渺小。

我們必須認清自己，瞭解自己的長處及短處，做自己可以做及應該做的事，不要因為環境而影響自己看待自己的方式。不要像這頭山羊一樣，搞得自己很忙，最後仍是餓著肚子。

▲ 小故事十一

一位富翁在非洲狩獵，一匹狼成了他的獵物，經過了三天三夜的周旋，最後終於抓到了。

在嚮導準備剝下狼皮時，富翁制止了他，富翁說：「你認為這匹狼還能活嗎？」嚮導點點頭。

富翁打開隨身攜帶的通訊設備，讓停泊在營地的直升機載著受了重傷的狼飛走了，飛向 500 公里外的一家醫院。

狩獵難免要傷及獵物，這是人人皆知的道理。富翁也理解，這已不是他第一次來這裡狩獵。過去他曾捕獲過無數的獵物，像斑馬、小牛、羚羊甚至獅子，這些獵物在營地大多被當作美食，同時皮毛還被留了下來。然而這匹狼卻讓富翁產生了從未有過的觸動，進而產生了讓牠繼續活著的念頭。

富翁坐在草地上，陷入一片沉思。當時狩獵時，這匹狼被追到了一個近乎於死胡同的路上，正前方是迎面包抄過來的嚮導，他揣著一把槍，狼被夾在中間，但富翁因為忙著追趕狼，忘了帶獵槍，狼在衝向嚮導時被捕獲。

當時富翁很不明白，這匹狼為什麼不衝向他這一頭，而是迎著嚮導的槍口衝過去？難道我這邊比嚮導的槍口更危險嗎？

面對富翁的疑惑，嚮導說：「埃托沙的狼是一種很聰明的動物，牠們知道只要成功衝過我，就有活下去的希望，而如果選擇往你那頭衝，必死無疑，因為那邊是牠過來的路，除了你之外，後面還有幾十個人追趕牠，而牠只要衝過我這邊，就有機會找出活路，這是牠們在長期與獵人周旋中悟出的道理。」

據說，那匹狼最後被救治成功，如今在納米比亞埃托沙禁獵公園裡生活，所有的生活費用都由那位富翁提供。

· **小智慧**

經驗會帶領你，但要跨越經驗需要勇氣。

事實上，在我們生活的圈子裡，無時無處不在面對著和狼類似的遭遇，唯一不同的是，儘管人自詡為天底下最聰明、最高等的動物，而在現實生活中，我們卻不得不悲哀的承認，自

己還不如一匹狼的抉擇理性和遠大。

短視、鋌而走險、唯利是圖、得過且過……，這些讓人深惡痛絕的醜惡，總是無時無刻在生活中上演和反覆發生。而動物竟然比我們靈性的人類做得好，不得不引發我們的深思。

▲ 小故事十二

有一群青蛙舉辦了一場攀爬比賽，比賽終點是一個非常高的鐵塔塔頂。

一大群青蛙圍著鐵塔看比賽，為參賽者加油。比賽開始了，大家鬧哄哄的叫嚷不停！老實說，蛙群中沒有誰會相信這些嬌小的青蛙有能力能夠爬到塔頂去。

他們都在議論著：「這太難了！他們肯定到不了塔頂。」

「他們絕不可能成功的，塔太高了！」聽到這些話，有些參賽的青蛙開始洩氣，只剩那些還憑著高昂鬥志的青蛙還在往上爬。

觀賽的蛙群在下面繼續喊著：「這太難了！沒有誰能夠爬到塔頂的。」

越來越多的青蛙因為累了而退出比賽，但有一隻青蛙還在不停往上爬，一點都沒有放棄的意思。這隻青蛙到最後成為唯

一到達塔頂的勝利者。比賽結束後，所有的青蛙都來問牠是怎麼成功的？

只見這隻勝利的青蛙，慢慢的從耳朵中取出一個大棉花球，然後問：「你們在說什麼？」

這時大家才知道，比賽期間內，牠一直沒聽到其他青蛙的議論，就只是默默的向著塔頂往上爬。

・小智慧

永遠不要聽信那些習慣用消極與悲觀角度看問題的人，因為他們只會粉碎你內心最美好的夢想與希望。

無論如何，你都要記住你所聽到的那些充滿力量的話，因為所有你聽到或讀到的正面話語，都會影響你的行為。所以，一定要保持積極、樂觀！最重要的是相信你自己的決定。

▲ 小故事十三

有兩隻老虎，一隻被關在籠子裡，另一隻在野地生活。在籠子裡的老虎三餐無憂，在野地生活的老虎則是自由自在，兩隻老虎經常進行交談。籠子裡的老虎總是羨慕在野地生活的老虎能夠自由走動，而在野地生活的老虎卻羨慕籠子裡老虎的安

逸生活。

有一天，其中一隻老虎說：「咱們換一換位置吧！」

另一隻老虎馬上同意了。於是，籠子裡的老虎高興的去了大自然生活，野地裡的老虎走進籠子裡過新的生活。從籠子裡走出來的老虎高高興興的，在曠野裡拚命狂奔，走進籠子裡的老虎也十分快樂，因為牠不再為食物而發愁。

但不久後，兩隻老虎都死了。一隻是餓死的，而另一隻是憂鬱而死。從籠子中走出來的老虎雖然獲得想要的自由，卻因為沒有捕食的技能，最終因飢餓而死；而走進籠子裡的老虎雖然獲得了渴求的安逸，不再為三餐發愁，但因生活空間的狹小，同時失去自由，最後戰不過心理疾病，憂鬱的死去。

· **小智慧**

許多時候，我們常常對自己的幸福視若無睹或不太滿意，反而覺得別人的幸福很耀眼。但沒想到，別人的幸福也許不適合自己，更想不到的是，別人的幸福也許正是自己的墳墓。

看了這些小故事，你有什麼想法與發現呢？智慧無法用文字說明得很詳盡，也無法用文字解釋得很清楚，因為每一個人

對於相同事物的見解與感受都不相同，所以我採用這樣的方式讓大家瞭解。

平常可以多去觀察身邊發生的故事，多做練習，練習從故事中你會發現了什麼，體會了什麼，又有什麼樣的見解。

善用你的智慧，而非聰明，運用智慧才不會讓你盲目的利用小聰明，讓你越來越能處理分析這些「活」的事物，也讓你的人生可以活得更精采。

行動篇

　　善用智慧要如何行動？說實話我也不知道要從何寫起，但我知道，只要善用我們的智慧去處理事情，有一些事情的處理方式，可能會如同孔子解釋給顏回瞭解的算術一樣，雖然輸了面子，但是贏了裡子，甚至還救了人命。

　　至於要如何善用智慧？智慧與目標一樣，有人生與工作的不同分別見解。人生的智慧我無法教導大家，所以我用工作上的發現，與各位談談「工作智慧」。

　　堀江貴文，一個 30 出頭的日本年輕人，是一家有 400 人規模公司的社長，以嚴謹的管理和重實力的人才策略，在日本泡沫經濟下建立了網路事業集團。後來他以龐大的資金併購日本富士電視臺失敗後，又成功崛起，他在《價值 100 億的工作智慧》書中分享了許多經營祕訣。

　　這本書提到，處理好這五件事情，就能提升工作效益：

一、人際：用信賴來增加客戶、找對人才、處理好人際關係；

二、時間：縮短開會與洽商時間、短時間內發揮工作效率；

三、資訊：專心思考、收集資料、衍生商機的訊息；

四、金錢：找出肯定賺錢的方式、如何降低成本；

五、工具：善用更有效率的工具。

　　我看完後覺得真的有 100 億的價值，因為那是貴文先生花了 100 億日元之後學到的寶貴經驗。

　　人不要怕失敗，只要不斷的努力向前，就有機會東山再起。貴文先生就是最好的例子，他運用他的工作智慧，讓他在短時間內又恢復元氣，不因併購案失敗的打擊，讓公司的營業額又回到了 100 億以上。若要善用智慧，尤其是要運用在工作上的智慧，「學習與修練」就是通往工作成就上的必要功課。

　　那至於要學什麼？修練什麼呢？以下三項是我個人認為在工作上的智慧必修功課，也是從事傳直銷產業的朋友們一定要修的功課，因為這三項是從事傳直銷的基本功，只要缺了一樣，你的傳直銷路將會走得很辛苦。

　　這三項就是：

一、培養對人、對組織的敏銳度；

二、對產品、產業市場、國際市場的掌握度；

三、專業技能的熟悉度。

　　工作的智慧都是從工作中才能體會出來的道理，你投入的越多、越專注，體會出來的道理與見解也就會特別多。多用點心，你就會開啟你的智慧，當你開啟智慧之後，記得也要善用你的智慧。

　　面對人是傳直銷工作中很重要的一環，除了智慧之外，還要了解如何善用人脈，才能讓人為你所有、為你所用。

第 **7** 章 **拓展人脈**

人脈是事業的延伸、是專業的支援網絡，
更是生活的延續。

觀念篇

　　一位愛哭的女子跟男友吵架後分手，哭了好幾天，心情一直沒有平復。只要看到某些特定物品，或到了熟悉的地方，或是聽到某些音樂、歌曲，或者看到其他情侶的甜蜜互動，總會讓她想起某些畫面，就會又哭了出來。

　　幾天後，她聽到了某首歌曲，又難過得想哭，但因為愛面子，又不敢回家哭，讓家人發現，突然想到乾脆去殯儀館裡面哭個夠，這樣別人一定不會覺得奇怪。於是她找了一間正在為一位老翁舉行喪禮的靈堂，走進去坐在後方就放聲痛哭起來。

　　這時有兩名穿了黑色喪服的中年婦女見狀，走過來她身旁。邊走邊抱怨說：「這死老鬼，在外面竟然還有我們不知道的小三。」

　　兩人輕聲商量後將她扶起，並安慰她說：「老三啊！看你哭得那麼傷心，我們決定分你 1 億 5 千萬的現金，至於死老鬼的其他房地產和公司股票什麼的，你就別想要了，行嗎？」

　　其實去陌生人的圈子逛逛，可能會有意外收穫降臨！所以

說拓展人脈是很重要的。

▲ 必修一輩子的學分

　　許晏駢為清朝秀才許寶璞之子，一般人可能不清楚許晏駢是誰，但看過《胡雪巖》、《紅頂商人》、《燈火樓臺》這三本小說的人都一定知道作者高陽，高陽正是許晏駢的筆名。這三本小說還被改編成連續劇，在電視臺播放了好幾次。

　　說到胡雪巖，大家對他的印象為清代最有名的紅頂商人，但我對胡雪巖的印象，就是他建立自己人際關係的手腕與方法。對於為什麼要建立人際關係，以及應該如何建立自己的人脈關係，在《胡雪巖》一書中，有許多很好的案例。

　　有一句話是在工作職場上的用人準則，這句話是：「20多歲看學歷，30多歲看能力，40多歲看人際，50多歲看財力，60多歲看體力。」人到了一定的歲數，人際關係與人脈圈的大小，也會決定工作價值與工作能力。

　　說到人際關係與人脈圈，我自認應該比任何人都相信它的重要性。年輕時從美國回到臺灣，從當國會助理到早期的電話購物，甚至是當培訓講師、傳直銷事業經銷商，至今身為傳銷公會祕書長，我都無時無刻在拓展人脈與運用人脈。對於這個

話題，我有很多的觀念與想法與各位分享。

去年我有機會重回校園當學生，在國立臺北商業大學讀研究所，當我讀到「關係行銷的概念」時，讓我有機會重新翻閱《胡雪巖》，雖然這一次我並沒有從頭到尾仔細看完，但這本書所講的就是「人脈關係」這四個字，這是我一直推崇的，而這也是我從第一次看這小說時就深刻體會到的。

我常與身旁的人分享書中的情節，尤其當我做了某些在別人眼中看來很奇怪的事情，而我不知該如何解釋為何要這樣做時，就會分享其中的段落給這些人知道，讓他們瞭解，這是人脈關係的投資與經營。如果你想要用閱讀故事的方式，來體會人脈關係的投資與經營之道，這本書你真要看看，特別是我們又身處最講關係的亞洲社會。

提到人脈關係，有這樣的一句話：「你如果想知道你現在值多少錢，只要找出身邊最好的 3 個朋友，他們的平均收入，大概就是你的收入。」

如果上述這句話是真的，那要如何拓展你的人脈圈呢？這是一個值得探討的議題。但我並非要你放棄或是遠離現在的人脈圈，而是我們都清楚，每個人的人脈圈都可分為熟人圈與陌生圈。不論是熟人或陌生人，都是我們可以運用的範圍。尤其

是身處於現在網路發達的社會環境裡，陌生人的存在，更提升了人脈的重要性。

現在網路的發達與網路工具的方便性，如果想藉助無形網絡的人際拓展，來建立自己真正強而有力的人脈關係已非難事。困難的是難在經營與延續，如何用心經營、互利互惠，這是現今網路世代人脈拓展與經營的重點。也因為透過科技網路建立人脈關係很快，我常戲稱這是一個網路的社交銀行世代，只要登網一呼，即刻有人回應。

但不論是熟人圈所介紹延續的人脈關係，還是透過網路來拓展的人脈，人脈的投資與經營，將是人生一輩子的功課。也就是說，不論你是用哪一種方式拓展人脈，你目前處於哪一個人生階段，人脈的投資與經營都是必須且必要做的事，只是花在關係建立上的時間多寡而已。

若用在工作職場上用人準則的那句話來說，20多歲看學歷，在這個階段，雖然老闆與主管多數以學歷來判定是否錄用，而學歷的準備階段，則是在更年輕時的養成。

這個時候已經來不及準備學歷，就應該要多利用時間讓我們的專業能力不斷往上爬，同時也要花更多時間讓自己的人脈關係開始往外拓展，因為到了40多歲時，不論是升官、創業

或轉職，都是在比較人際關係的範圍。

　　若將人生從學校開始到進入工作職場，再到退休這三階段來看，不論是哪一個時期，你都需要有其他人的支持與陪伴，讓我們人生這條路走得更順遂。

　　而不同的時期，會有不同的人出現，孩提時代有兄弟姊妹或是鄰居小孩的陪伴；不同階段的求學過程，有不同階段的同學出現；進入職場後，有同事、長官、客戶等不同圈子的人出現；戀愛時會出現女友，結婚後會出現老婆的家人與親戚；退休後會需要有老伴，參加活動會有球友、社友、團友……等。不同時期出現不同的人，都是支持著我們走完人生這條路的重要經歷。

　　我們一輩子都在與人互動，而且在不同時期會出現不同的人與我們互動。既然我們逃不開這個既定的模式，何不誠心的關懷別人，與人相處呢？人脈的積累是長年累月的，不管是自己的人脈，或是由人脈伸展出去的人脈，都是需要長期的付出與關懷。

　　兩百多年前，胡雪巖因為擅於經營人脈，得以從一個倒夜壺的小弟翻身成為清朝的紅頂商人。兩百多年後的今天，我們看現今成功人物的成長軌跡，也都因為擁有一本雄厚的「人脈

存摺」，來成就他們的成功，即便這些人退休後，他們還是一直維繫與延續著這些人脈。

人這輩子要學的真的很多，不同階段、不同時期，學習著不同的東西，唯獨人際的互動與人脈的拓展，是一直都在進行、一直都在綿延不斷的。既然離不開我們的生活，就更要好好經營人脈，讓我們的人脈變成我們的資產。更何況從事傳直銷事業的朋友們，人脈就是我們的組織團隊，而組織團隊更是我們的資產。如何讓我們的資產變得更大？當然是要讓我們的人脈圈越來越大才有機會囉！

▲ 有錢人的祕密

人脈既然有機會變成我們的資產，我們就應該要花一點時間，來盤點一下自己的人脈資產，計算一下這份資產的投資和收益。

有錢人都有一個祕密，一個看起來很平常的行為，但行為下卻隱藏著我們看不到的目的，這個行為也是有錢人拓展人脈的方式，那就是「吃飯」，優雅一點來說，就是「餐會」。

我們若用錢多寡的角度，將社會分成三個階級看，收入只夠生活的人，不敢亂花錢，所以下了班，上司突然說：「今晚

要不要去喝一杯？」通常這種人都會委婉拒絕：「不好意思，今晚不巧有事情，請讓我回家處理。」他們會參加全公司預訂的聚餐，而像這種突如其來的邀約，通常一概拒絕。

而收入還不錯的人，多數處於職場上的中間幹部，這些人因為所屬位置的關係，大多給人感覺熱愛公司，就算同事或主管在下班前一刻突然邀約聚餐，他們也總是會馬上答應，樂於參加。

至於有錢人，會發現他們總有吃不完的餐會。

收入只夠生活的人，因為不敢亂花錢，對於這種突然出現或不在他預算內的餐會，多數會拒絕是因為金錢的考量，這點我們可以理解；而收入還不錯的人，因為有閒錢，下班後對這樣的餐會多數都會參與，除了交流感情外，也充斥著尋找機會的味道。

但有錢人已經有錢了，為什麼還是一直在參與或舉行餐會呢？他們幾乎排滿了與人吃飯的行程。我認為他們並非全都是為了拓展人脈而在進行此事，而是因為孤單，只想找人一起吃飯，或是參加別人的餐會，還可以拓展他們的人脈。

我認為多數的有錢人都有一個共同特徵，就是他們多半獨來獨往。像是公司的企業主或專業經理人，他們雖然握有龐大

的財富，內心卻很孤單，因為都身居要職或因身分特別，不敢隨便向他人傾訴煩惱，也因此就變得越來越孤單。

但因為孤單而找人吃飯，或找場合吃飯，反倒變成這些有錢人拓展人脈、製造人脈的機會與來源。

有錢人因為孤獨，反而帶來豐沛人脈，你也可以解釋成有錢人會花錢來拓展人脈。至於這些有錢人，到底都會在哪裡找尋他們想找的貴人呢？答案就是一些商務交際團體、異業交流會，或者是一些他們覺得可以從中獲取某些資訊或協助的人……等。

他們會參加這些社會地位與財力跟自己相仿的人才會去的交流會，因為這些人多數都有相同的問題，藉此可以除去彼此的孤單感之外，也成功的拓展了人脈。而約人一起吃飯，除了免了一個人吃飯的淒涼感外，也能從對方身上獲取一些資訊或協助，來取得人脈協助與建立。

另外，有錢人也會去參加收費高昂的研討會，這也是出自於相同的思考模式，會去參加這類研討會的人，一定會就自己的煩惱、想找人商量的事情，提出妥善的建議與解決辦法。藉由參加這些活動，建立起各取所需的關係，最後拓展出大量且屬於有錢人的寶貴人脈。

　　總而言之，有錢人之所以一直有錢，多數是出於害怕孤單，不想讓自己孤單，而做出邀約吃飯的行為，讓他們用錢拓展人脈，創造了更多可能讓自己更有錢或解決問題的機會。

　　現在你知道這些人為什麼都能一直很有錢了，那你會選擇跟他們做一樣的事嗎？

▲ 加分的人

　　朋友可以三教九流、五湖四海，但人脈的拓展，記得永遠只能找替你加分的人。那些只會減分的人，暫時先別理他們，當你有所成就後，他們就會自動來跟隨你，為你加分。

　　至於誰會替你加分呢？有共同理念的人、想改變現況的人、有理想有抱負而且付出行動的人，即便這些人目前還沒有好的成就，但沒有這些特質的人，對你來說都是減分！

　　「花花轎兒，人抬人。」這句話出自《胡雪巖》小說中，其實談的就是為你加分的人。

　　在傳直銷事業發展的路上，「專業」是基本武器，而「人脈的拓展」則是祕密武器。如何以極自然的、有創意的方式去拓展人脈，用互信、互利、互惠的方式去經營人脈，是快速發展的勝負關鍵。

　　史丹福研究中心曾經發表過一份調查報告，結論指出，一個人賺的錢當中，有 12.5％來自知識、87.5％來自關係。這個數據是否令你震驚？我們再來看看以下的數字：傳直銷產業高收入的人平均收入，有 10％來自於個人執行業務所得（個人銷售），90％來自於組織業績所得（組織獎金，分紅等），有這樣的數據，你還會說人脈不重要嗎？

　　我們可能都認同，不論是在哪個行業，尤其是傳直銷業，人脈的延續很重要，但尋求到能為我們加分的人，也就是對的人，成為我們的伙伴、貴人更加重要，因為千里馬也需要伯樂的賞識。

　　如果你是匹千里馬，積極的靠近一些伯樂，讓他們有機會看見你，又或是你是伯樂，尋找千里馬則是你一生的功課。

▲ 十倍速時代，人脈是專業的支援，是通往財富的門票

　　許多人以為，只有從事業務工作的人才需要人脈，才需要重視人際互動與關係經營，因為人脈是他們吃飯的傢伙，也是最大的資產。但從上述史丹福研究中心發表調查報告的數據來看，不論是哪一個行業或哪一份工作，所得到的結果都相同，

人脈競爭力都是一個日漸重要的課題。

論專業，比我們專業且專精的人大有人在，所以要比專業，我們不一定比得過別人，因為那需要長時間的經驗累積與專門學識才能達成。但要比人脈的經營與運用，卻不是每一個人都有這樣的認知，以及會去做的行為，所以懂得人脈的經營與運用，會比專業與專精來得更快成功。

我年輕時去美國，聽過這麼一句話：「一個人的成功與否，不在於你知道什麼，而是在於你認識誰。」這句話並不是叫我們不要讓自己變得專業，也不是要我們不要培養專業，而是在強調人脈是一個人通往成功之路的捷徑。

現在的社會環境變得比以前更快速，什麼都要比快。在如此快速轉變需求的環境中生存的我們，懂得善用人脈，才會讓我們的一分耕耘，得到數十倍的收穫。

換言之，一個人脈競爭力強的人，他擁有的人脈資源相較比別人更廣且深。在平時，這個人脈資源可以讓他比別人快速獲取有用的資訊，進而轉換成工作升遷的機會或財富；而在危急或關鍵時刻，人脈資源往往也可以讓他轉危為安，或是有臨門一腳的作用。

在華人社會裡，一談到人脈，很多人都認為這是講人情

或是走後門的同義詞。也因此，我們從小就被教育成只重視專業技能，而忽略人際關係的經營。人脈的運用如果能避開講人情、走後門，運用人脈快速得到解決問題的方式與方法，就能在通往成功的道路上少跌幾次跤，少碰幾次壁，就可以比別人更快也更容易成功。

哈佛大學為了解人際能力對一個人成就所扮演的角色，曾針對貝爾實驗室頂尖的研究員做調查。他們發現，被大家認同的傑出人才，專業能力往往不是重點，關鍵在於：「頂尖的人才會採用不同的人際策略，這些人會花較多的時間，與那些在關鍵時刻可能有幫助的人，與他們培養良好的關係，當在面臨問題或危機時，能更容易化險為夷。」

在現在的環境中，要想生存得比別人更好，專業固然重要，但懂得如何運用比我們更專業且專精的人來幫我們解決問題，運用比我們更有成就的人，讓我們的個人才能更快被發現，才是更重要的議題。因為在這個比快的時代，人脈是專業的支援，人脈是通往財富的門票。

行動篇

　　拉里貝特是一個從街頭賣藝的雜耍藝人，變成了年收入 9 億美元的馬戲團老闆，他的馬戲團就是當今世界級知名的太陽馬戲團。

　　當他還是街頭雜耍藝人時，表演都非常賣力，但是收入卻是少得可憐，僅僅能夠維持生計而已。他總是想著，同樣是雜耍藝人，為什麼有些人可以名利雙收，自己卻只能為三餐拚命奔波？

　　他發現自己最大的不足，就是不懂得拓展人脈。雖然他在專業領域裡非常努力，技藝也不錯，但他不擅長和別人接觸溝通，所以在專業領域裡知道他的人並不多，同行裡認識他的人也不多，自然無法透過人脈尋找發展的機會。

　　他曾說：「我的成功，除了是我自己的努力外，拓展人脈，讓更多人認識我，才是我邁向成功的開始。」

　　拉里貝特因為瞭解自己的問題，積極的去行動才得以改變現況，現在知道了他成功的關鍵之後，那我們要如何做呢？我

建議先從這兩件事開始：

一、培養自信與溝通能力；

二、適時的讚美他人。

雖然每個人都有一套自己累積人脈與經營人脈的方式，但是若想要有效率的提升人脈競爭力，就必須要先具備自信與溝通能力，才能讓自己顯得自然，在陌生的環境裡，也不會覺得為難。

高陽在《胡雪巖》書中描述胡雪巖時，是這樣寫的：「其實胡雪巖的手腕也很簡單，胡雪巖會說話，更會聽話，不管那人是如何言語無味，他能一本正經，兩眼注視，彷彿聽得極感興味似的。同時，他也真的是在聽，緊要關頭補充一、兩語，引伸一、兩義，使得滔滔不絕者，有莫逆於心之快，自然覺得投機而成至交。」

你是否從文字中發現了胡雪巖的自信與溝通能力呢？除了自信與溝通能力外，耐心傾聽與適時的讚美別人，也是拉進人與人距離的好方法，更是維繫人脈的好方式。

人脈的重要性不是三言兩語就能說得完的，如果你生來沒

有富爸爸，也沒有娶到富家女或嫁給金龜婿，那麼，你就不具備與生俱來的人脈關係網，這時候你就需要自己去拓展和提升人脈關係。

　　拓展人脈聽起來很麻煩，其實一點也不困難，簡單來說，就是多交些朋友，透過朋友，再認識更多的朋友，像極了「臉書」的連結，你說這很困難嗎？然而這些關係的維繫，需要用心去經營，這些關係的維繫才是真正拓展人脈的關鍵與重點，廢話不多說，我們就跳過如何拓展人脈，直接來談談如何提升拓展人脈的競爭力吧！

▲ 提升人脈競爭力

　　提升人脈的競爭力就是維繫人脈的好方法，而人脈競爭力更是要提升人脈延續與拓展人脈的方式。關於提升自己的人脈競爭力的重要關鍵就在於你自己，只要你自己謹守以下幾個項目，你的人脈競爭力自然就會提升，人脈自然就會增加：

一、創造自己被利用的價值

　　當你準備好開始拓展人脈關係前，是否有檢視過自己，別人是否覺得你有被利用的價值？你的被利用價值在哪裡？為何

別人都不利用我也不需要我？先把這些問題找出來，再一一改善，這樣我們才能繼續談下去。如果你無法被人利用與需要，就說明你不具有價值，你越有被利用的價值，別人越需要你，你就越容易建立堅強的人脈關係。

人脈的最高境界，就是互利互惠，而非單方面你情我不願的遊戲。人與人之間，說穿了就是相互利用的關係，但不要誤解我的意思，我所謂的「相互利用」，是指彼此間因為有共同價值觀、有一定的共識，彼此各取所需的緊密結合關係，而非是有雜念的利用想法。

比如說，好兄弟、好閨密，這些組合就是因為互有利用價值，才能變成非常牢靠、非常要好的關係。兩個好閨密間，如果一個喜歡說話，另一個喜歡聽人說話，這種關係就是建立在傾訴和解除寂寞的需要，而這兩人的結合恰好能滿足這種需要。這樣的關係，不含有一絲絲的雜念，單純而自然，但它確實是相互利用的關係。

二、有機會多曝光

當你找到自己被利用的價值後，首先要讓別人知道你、看到你，你每一次曝光的身影，都要能讓人留下好的印象，隨

著每一次的曝光機會，讓別人加深一層印象。還記得太陽馬戲團老闆拉里貝特的問題嗎？讓自己多參加一些聚會，每一次的聚會，都是把自己推銷給別人的通路，也是建立自己形象的機會。千萬不要小看這些機會，在這些聚會的互動中，人們往往可以用最自然的方式交流。

三、讓自己成為一個守信、守時的人

不守信用，給人的印象就是沒有責任心，而不守時也會給人沒信用的感覺，做任何事，信用與責任永遠擺第一。不守信用的人會給人厭惡感，人們自然會遠離你。孔子說：「人無信不立。」如果不講誠信就做不成事，這一點一定要記得。

我在公會任職祕書長後，很常有機會碰到想跨足傳直銷產業的企業體來求助。有一次，一位知名企業總裁來電，說企業內部有人提議想要成立傳直銷公司，為該企業開創一條新的銷售通路。他們看到這幾年公會的努力及傳直銷產業的成長，所以要請我幫幫忙。

我與該企業總裁算是舊識，雖然少有連繫，加上他年事已高，企業內部的經營多數都已交給專業經理人負責，基於這件事對產業、對公會都是加分的，我就很積極的協助他所指派的

專案負責人，協助他們成立傳直銷公司的前置相關事項。

其實這不是公會的業務範圍，我也僅能找能夠支援他們的相關資源。幾次的會議後，他們發現設立傳直銷公司與他們想像中不同，因此決定要交由董事會與公司的投審會評估後，再決定要不要往下走。

他們希望我能幫他們製作一份整體的營運企畫書，好讓他們能交付董事會與投審會評估。這份企畫書包括了財務規模、行銷策畫、展開計畫、組織架構、產品包裝、投資效益評估等，總之就是一份很龐大、很複雜的資料。

一般如果要找人寫這些確實可行的計畫案，收費都不低，而這部分又不是我的專業，我只好硬著頭皮請我亦師亦友的好兄弟協助。還好平常我與他的交情不錯，加上他也是公會的顧問，就花了將近 2 個月的時間，仔細研究該企業的文化與可用資源，以及預期要銷售的產品，針對該企業寫了一份完整的營運企畫書。

當我將營運計畫書送交後，那位負責人對計畫書內容連隻字片詞都沒有任何回饋，著實令我緊張。心中懸了個大石頭的我，多次聯絡總得不到正面回應，最後無疾而終，我一方面難過又自責，另一方面對我兄弟所投入的心血感到愧疚。

此後只要有人向我尋求協助，我都會更小心嚴謹的評估。幸好我的好兄弟因為這次的事件，多了一次磨刀的機會，多了一次與大公司接洽、溝通的經驗，現在他在一家股票上市公司擔任要職，這也是一個創造雙贏的機會。

四、讓人對你有樂於助人印象

人們總喜歡和樂於幫助自己的人來往與請求協助，這是任何人用膝蓋都想得通的道理，因此這個部分我就不多著墨了。但記得，樂於助人要真心，而不是假裝演戲，因為這樣的態度都維持不了多久。

五、體貼與細心

體貼與細心同樣是責任心的表現，體貼與細心也來自於你是否用心。當你夠用心，做起事來自然就會把出紕漏的可能性降到最低，想到一些別人沒有想到的問題，這就是一種體貼與細心。這種人往往能讓人放心，容易給人安全感。

細心的人善於察言觀色，洞悉微小的現象，很多時候，一個微不足道的現象中，就可能包含著重要的資訊，細心讓你更能掌握對方的資訊，進而變成建立人脈關係的基礎。

六、樂於分享

　　要明白一個事實——合作的目標是共贏，而不是肥了自己、瘦了對方。認為合作最終是要把對方嘴裡的肉搶過來的人，肯定不懂得分享，更不會分享。這樣的人，大家都不願意和他在一起，他的機會就會越來越少，得到的也會越來越少；相反的，懂得和樂意分享的人，朋友願意和他在一起，他的機會也越來越多，最後可以獲得的就更多。

七、有趣、有創意

　　創意會讓人覺得你與眾不同，創意讓對方感覺到被在乎和被需要，每個人都期待用不同的方式來被對待，藉由創意來為人設想，讓創意入心，而有創意的人不會讓與之交往的人感到乏味和沉悶，創意還能創造趣味。

八、好奇心

　　雖然說：「好奇殺死貓。」但是如果將好奇運用在人際上，好奇心強的人往往比較主動，而主動是成功溝通的基礎，不要坐著等別人來發現你，全世界有幾十億的人口，大多是兩個眼睛一張嘴，兩個耳朵一個鼻，你又沒什麼特別的，別人憑什麼

要先注意你？一個只關心自己，對別人、對外界沒有好奇心的人，即使有再好的機會出現，也只會與機會擦身而過而已。

九、同理心

設身處地為別人著想，樂他人之樂，急他人所急。同時，把自己放到和他人一樣的環境和處境中去感受與交流，讓對方感覺：「哦！對面的他和我是一樣的。」當對方心中出現這樣的聲音後，你們之間的距離又拉近了一步。

以上幾項提升人脈競爭力的方式，你擁有哪幾項呢？不足的或是之前沒注意的，就請你多花些時間調整吧！只要謹守這幾個項目，你的人脈競爭力就會提升，人脈自然就會增加了。

▲ 人際關係的範圍

最後我想與各位談談人際關係的範圍。人脈的拓展可分為熟人與陌生人，但人脈的經營卻會因不同的族群範圍而有不同的互動方式，因此我們就需要去瞭解人際關係的範圍。

我將大部分人際關係會出現的範圍，粗略分成以下七種：

一、父母關係

身為一個人，即使我們已離家，不論獨宿在外生活或是已經成家立業，仍會和父母有些互動。不論是以何種方式溝通，我們都不能忘了要心存感恩，畢竟，有父母的栽培，才有今日的我們。更何況父母的人脈，只要我們運用得當，都將是最重要的無形資產。

二、親屬關係

兄弟姊妹和家族的親戚，都和我們有所互動，而家族情感往往也比朋友關係更難切割。倘若我們能在每次家族聚會中，好好發揮人際互動作用，且充分了解家族中每個親戚的專才或專長，在適當時機彼此引薦、互相介紹，將能引發不錯的人際影響與人脈延續。

三、師生關係

學生與老師之間的關係並非只有在求學過程才成立，求學的過程只是關係的建立，畢業後才是人脈經營的開始。

老師是我們專業的支撐與後盾，老師是我們前進的明燈，維繫好師生關係，也是要注意的人際範圍，說不定你的某個老

師，曾教過某大企業的老闆或長官，保持和老師的良好人際互動吧！

四、同學關係

學校同學畢業後各奔西東，各自在不同的專業崗位上發展，這層關係應該不用我多說吧！記得主動辦同學會或去參加同學會吧！

五、朋友關係

除了同學外，跟同學性質相近的是朋友，你們因為某種相同喜好或因素而認識的連結關係，如果交到對的朋友，可以幫助我們增廣見聞，拓展視野與人際哦！

六、同事關係

進入工作職場後，會認識一些人，這些人就是你的同事關係來源。如果我們能好好與這些人互動，不僅能學到工作經驗，更能學到人際互動與溝通，對我們的未來一定加分不少。更何況身旁的同事未來成就會有多好，我們都是無法預期的。

七、陌生關係

我常在路上看到兩個陌生人因為某些小問題而吵得不可開交，其實我們的生活中處處有貴人，重點在於我們願不願意將生命中所遇見的每一位過客都視為貴人。

我們可不可以發揮同理心，適時適地為他人著想，尤其是陌生人。或許在我們伸出援手時，並未考量日後的回報，說不定每一個善念和善行，都會成為我們日後的貴人。

還記得華爾道夫飯店首任經理的故事嗎？一對疲憊不堪的老夫妻，在深夜中找不到住房，小城鎮的櫃檯工作人員怕他們流落街頭，讓出了自己的休息室，整夜守在無人進出的櫃檯。就這樣，他遇到了他人生中的貴人；就這樣，他當上了華爾道夫飯店的首任經理。

只要我們好好運用上述的各種關係，將每一種關係之間的人，轉變為我們生命中的貴人，如此將使我們的生活、生命更加順利。

在這個現實的世界裡，有用的朋友才能產生長期交往的動力，就好比你會比較常去那些信譽良好的店家買東西一樣。朋友間如果還有相互利用價值外的其他連結，例如相同的興趣，

那彼此的關係就更密不可分了。

「人脈就是錢脈。」這句話是誰說的不重要，重要的是，你有沒有人脈？如果沒有，那從現在起開始建立吧！

人脈要廣，但也要深才能成為力量，人脈深，連結度才會強，若要加深人與人之間的連結，就要了解什麼是承擔責任。

第 8 章 承擔責任

對選擇負責，才能承擔未來的美好。

觀念篇

....➤

　　這是一位有酗酒問題的美國駐日本沖繩士官與他的心理醫生之間的對話。

　　士官說：「沖繩晚間沒事可做，太無聊了。」

　　醫生問：「你喜歡看書嗎？」

　　「嗯！我喜歡看書。」

　　「那你晚上何不用看書來代替喝酒呢？」

　　「營房太吵了，看不下書。」

　　「那麼去圖書館怎麼樣？」

　　「圖書館太遠了。」

　　「圖書館會比酒吧更遠嗎？」

　　「好吧！我承認我本來就不是愛看書的人。」

　　醫生換個話題繼續問：「那你喜歡釣魚嗎？」

　　「喜歡啊！」

　　「何不用釣魚來取代喝酒呢？」

　　「因為我白天得工作啊！」

「晚上難道不能釣魚嗎？」

「不行！沖繩晚上沒有釣魚的地方。」

「不會吧！我就知道好幾個夜間釣魚的俱樂部，我介紹你去參加，好嗎？」

「呃！其實我也不那麼喜歡釣魚啦！」

醫生說：「聽你的意思，好像沖繩一帶除了喝酒就沒有別的事情可做。可是事實上，我看你在這裡唯一喜歡做的事就是喝酒。」

「唔！我想是吧！」

「可是喝酒給你帶來不少麻煩，像你這次的麻煩就不小，不是嗎？」

「我有什麼辦法！在這個該死的小島，就是逼得人非喝酒不可！」

這是我在網路上看到的一篇故事，作者就是那位醫生。這樣逃避責任的心態不但令人遺憾，有時還顯得相當可笑。這位士官否認自己飲酒過量，也拒絕承認酗酒是他個人的問題。他繼續酗酒，最後因為鬧事被撤職，軍人事業就此斷送。

電影《蜘蛛人》中，主角的舅舅在過世前雖不知主角有超

能力，卻說出了一句改變他一生的話：「人的能力越大時，所承擔的責任就更大。不要逃避，選擇面對。」

因為這句話，才有蜘蛛人挺身而出，為打擊犯罪而生。

▲ 為自己的生命負責

《活出意義來》一書作者維克多‧法蘭克，是世界知名的心理學家，他在學術界的貢獻更是無人能出其右。他在書中寫道：「每個人都被生命詢問，而他只有用自己的生命，才能回答此問題，只有以負責來答覆生命。因此，能夠負責是人類存在的最重要本質。」

自己的生命自己負責，而能夠負責就能從中有所獲得；沒有盡責，就不能指責他人對你有所干涉。如果我們不著手解決自己人生的難題，問題就會永遠存在。這是老生常談的話題，但還是有很多人似乎不懂得其中的道理。我們必須要先扛起解決問題的擔子，才能有機會去解決問題。

當一個問題產生時，如果只是說一句：「這不是我的問題。」這對於問題解決是毫無幫助的。光是期待別人替我們解決問題，問題有時雖然會被解決，卻不會因此消失。唯一的辦法是挺身而出的說：「這是我的問題，我來解決。」

　　無論問題的大小，我們的人生自己負責，小問題有小問題的解決方法，大問題有大問題的解決方式。不能因為問題小容易解決就選擇面對，問題大難處理或無法獨自處理就逃避問題，最後帶來的痛苦還是得要自己承擔。

　　想要為自己的生命負責，就從承擔解決問題開始，開始承擔解決問題，就等於開始承擔責任。

　　每一個人都有一份屬於自己的責任，需要自己去面對、去解決。只有我們擔當起自己的責任時，才能夠把事情做好，把我們的人生過好。就像我們還是學生時，責任就是要把功課做好，好好學習；老師的責任就是要把學生教好，傳授知識；而警察的責任就是要維護社會治安。

　　我們的人生需要自己去負責，只有我們勇於積極承擔自己的責任，把自己的人生過得很好，生命才會活得有價值，社會才會進步。有人會認為，想要做到對工作盡心盡力，一絲不苟的擔當起自己的責任，是件很困難的事。

　　在日本東京的一間國際大酒店，來了一位新應聘的服務人員，在簡單的面談後，負責人突然叫她去打掃廁所。起先她猶豫了，是要接受這個工作？還是另謀職業？她再三考慮後，決定還是先聽聽負責人怎麼說再決定。

　　於是負責人把她帶到廁所，告訴她廁所要如何清理，特別是馬桶要弄得一塵不染、光滑潔白。飯店負責人一邊說一邊開始示範給她看，最後還從馬桶裡舀了一碗水喝了下去。

　　她被飯店負責人認真負責的精神所感動了，明白了什麼是工作，什麼是責任心，於是她愉快的接受了這份工作。她就是後來成為日本郵政大臣的野田聖子，在她任職酒店服務人員期間，馬桶裡的水她也喝了無數次。她曾回憶敘述著，是因為她那種在工作中追求完美、對自己工作極度負責和勇於擔當責任的精神，才能讓她從此踏上了成功之路。

　　負責任是我們理當所做的行為態度，因為人生是我們自己的，而選擇也都是自己做的，沒有人可以為我們負責。不負責任不僅是對他人不尊重，還會損害他人利益，甚至還有可能害人又害己，所以這種損人不利己的事千萬不能做。「狼來了」故事裡的小男孩，就是因為不負責任的亂喊亂叫，才會讓自己在最後也被狼吃掉。

「人生須知負責任的苦處，才能知道盡責任的樂趣。」

——梁啟超

▲ 承擔責任展現領導力

「誰要來解決這個問題？」

「誰是主要負責人？」

「有沒有人願意承擔這件事？」

「什麼時候才會開始把事情做對？」

這些問話內容，最常出現在職場解決問題的會議上，當老闆或主管問下屬這些話時，當下很少會有主動舉手承擔的人出現，總是要老闆或主管指派，才能讓會議不處於無法結束的尷尬場面。

現今的企業管理觀念，已經成為人人談論個人責任歸屬，誰該負什麼責任，清清楚楚且明明白白，這會讓直接、間接及利害關係的關係人，明白自身要擔負的責任。但面對突如其來發生的問題，不在原本所歸屬中的問題，或是處於灰色區域的問題，這時勇於承擔責任與壓力，才是個人領導力培養與學習成長的機會來源。因為既定畫分好的責任是習慣領域，突如其來的責任，才是經驗的累積。

我常說這一句話：「扛得起的叫責任，扛不起的叫壓力。但壓力才是成長與進步的開始。」

我們常看到健身房的人在做重力訓練時，隨著訓練的進

步,不斷漸進式的增加重量。每增加一次重量,都是一種壓力,但是當習慣壓力或能承受壓力時,壓力就不再是壓力。

領導能力的展現,就是從你的抗壓能力開始,當你不斷承受著他人不願承擔的責任時,除了可以磨練自己,無形中也在影響著別人對你的自信觀察。自信心越強的人,越有強烈的信念支撐他,自然就會有更多的追隨者跟著他。這種領導魅力不是年齡、性別、專業、經驗可以取代的,而是來自於你的願意負責所產生的安全感,說穿了就是跟著你會比較放心。

「責任並不是你的負擔,而是一種你應具有的信念。」

——范華芳

▲ 承擔責任就有機會改變

美國知名的管理大師勞勃‧鄧肯曾說:「負責!是保持回應的能力。」

有一位美國青年,在年少時期不斷的努力扎根,為自己想要開設銀行的夢想努力不懈。他在 35 歲左右,在一座城市裡開了一家小銀行,但是才沒過多久,銀行就遭遇搶劫損失慘重。銀行儲戶紛紛上門要求賠償,法院判決他不用賠償全部金

額，但他卻在事後挨家挨戶的去儲戶那裡賠禮道歉，並承諾他將會賠償所有儲戶的所有損失。

就這樣，他開始了他的還債生涯，經過了 15 年，在他 50 多歲時，他不但還清了所有債務，也成功的從一間小銀行擴展到有多家分行的大銀行。

他的這種責任心，無疑是讓人敬佩的。他既對別人負責，也可以說是對自己負責。如果他當時沒有選擇面對，別說是擴展成大銀行，說不定連東山再起的機會都沒有。

幾年前的黑心油事件鬧得沸沸揚揚，雖然大家可能在若干年後都忘了這件事，但是對於一個企業來說，如果處理事情的態度與方式，能夠積極一些，有責任一些，勇於面對與承擔，我想那次的事件，或許可以為這家企業找出一條新路。

有位美國負責鐵路管理的主管，面對一列火車出軌的事件，造成州際公路封閉三天，民生運輸遭受重大停擺。經過事後的查證，確認是火車管理制度上出了問題，才造成這起嚴重事件。

他在公聽會上，在罹難者家屬與上百位公司同仁家屬、工會成員面前，有勇氣的選擇了勇於承擔的責任。他說明這次火車鐵道意外是管理機制所造成的，因為他是管理者，所以他願

擔起這重大意外的責任,而且他會採取行動來修補這個問題的缺口,並請求在場與會人士的幫助。

他說完這些話後,原本擔心會有人來鬧場滋事,沒想到竟意外得到大家的鼓掌支持。臺下還有人回應說這是第一次聽到管理階層的人承認錯誤並願意承擔責任,改革管理上的缺失。

這個例子說明了很重要的一個關鍵,任何一個事件的發生,最終都要有人來承擔責任。既然都要有人來承擔,何不選擇面對,而不是習慣性的敷衍了事、息事寧人?對需要面對的問題勇於承擔後,這責任的履行將會影響著其他人,進而轉變成支持改變的力量。

身為傳直銷事業組織成員的一份子,任何的決策,都決定著組織的存活;身為組織中的成員,為自己及為團隊負責任,是我們每一個人都必須義不容辭的。責任就像是昏暗中的火把,能將人們從昏暗無知中解救出來;責任也像是一把大而堅固的傘,為我們阻擋風雨。

「高尚、偉大的代價就是責任。」

——邱吉爾

▲ 承擔責任是自律

　　然而在近年來，不論是在臺灣或中國，我們看到的例子多半是逃避與推諉塞責的行為，面對錯誤總是推責與卸責。其實勇於承擔責任是中華民族的優良傳統，案例也非常多。從最早的大禹治水「三過家門而不入」，諸葛亮在《出師表》中明志的「鞠躬盡瘁，死而後已。」，北宋大文學家范仲淹寫下的「先天下之憂而憂，後天下之樂而樂。」，南宋文天祥寫下《正氣歌》的「人生自古誰無死，留取丹心照汗青。」，以及清朝林則徐銘志寫下的「苟利國家生死以，豈因禍福避趨之。」，中華文化五千年來，這些有擔當、有責任的學者及官員，當遇到國家存亡之際，完全不以個人私心為考慮，勇敢挺身而出，盡忠職守。這樣的精神與動力，真的很值得現在的官員與企業領導人學習。

　　承擔責任必須是要由內向外的發自內心，以行動力來展現。在西方企業中，這樣的觀念很早就深植於人心，但在東方人的企業觀念中卻普遍不足，所以我們常看到任職國營企業的高官，只要遇到事就下臺一鞠躬，反正他又不用負責後續的善後，只要去職就好。因為企業不是他的，做不好大不了就此去職，加上身兼數十職務，坐領高薪，無心好好專心經營，只想

動嘴管理。難怪這些國營企業的獲利能力總不如民營企業，即便它擁有比民營企業更多的資源與支持。

正所謂上樑不正下樑歪，多數國營企業的員工，也就養成了不需要負責任的態度。我的好兄弟曾在某國營的傳直銷事業體中努力經營，他竭盡所有資源與專業，想讓公司與其他國營事業不同。

但所有的國營事業問題都相同，高層人士經常變動，不專業卻又喜歡下指導棋，員工都在等待指令與推卸責任。他說組織一年內換了三任董事長，每到任一人，他就要教育董事長一次。很多人狀況不明瞭就亂下指導棋，遇到問題就推給下屬，員工因為都無相關工作經驗，只是企業內部調來支援，所以多數都在觀望。

每次當我碰到他，總勸他要趁早離開，但他總回應我，他有責任要堅持下去，因為他答應了這家公司的經銷商們，會陪伴他們直到打開市場。

他的承擔責任是一種自律，也是一種對自我的要求，如果每一位國營企業的長官，都能像這些有承擔的人一樣，有必定做好的決心與毅力，不忘自己就任時的初衷與目標，就能讓我們的國家更好。

　　我一直都很喜歡這句話，也認同這句話：「強者為他人承擔責任，弱者為自己逃避責任。」沒有責任心的人，永遠不可能有成就。沒有責任感的人，永遠不可能理解成功的真正含意，以為成功就是有名有利。任何真正成功的人士，都是從負責任做起，他們總是把負責任當成自律、自我要求的條件。

　　楊元慶在 24 歲時進入聯想公司，公司安排給他的第一份工作是銷售業務員。當時楊元慶騎著一輛破舊的自行車，穿梭在北京的大街小巷，去推銷聯想公司的產品。雖然剛開始楊元慶並不喜歡銷售的工作，但是他覺得那是他的工作，他就必須負起責任，所以他做得非常認真，銷售成績也非常卓越。也因為當時的歷練，楊元慶後來才能面對諸多困難而毫不退縮，加上他敏銳的市場眼光和出色的客戶服務，引起了創辦人柳傳志的注意。

　　楊元慶憑著凡事負責任的態度，盡職盡責在他的工作上努力，因此一路從銷售業務員爬升到了電腦輔助設備部的經理、聯想微機事業部總經理。如此成功的範例，不勝枚舉。

　　沒有責任心的人，任何工作都不可能做出成績。因為沒有責任心的人，不可能對所做的工作和事業投注滿腔的熱情，也不會擁有孤注一擲的決心。

「每一個人都應該有這樣的信心：人所能負的責任，我必能負；人所不能負的責任，我亦能負。如此，你才能磨練自己，求得更高的知識而進入更高的境界。」

——林肯

▲ 沒有責任心，幸福無從起

有個老木匠準備要退休了，他告訴老闆說要離開建築業，準備回家和妻子兒女享受天倫之樂。

老闆捨不得他走，卻留不住老木匠，問他是否願意幫忙再建造一座房子，老木匠答應了。但所有與老木匠一起建造房子的人都看得出來，他的心已不在工作上，總是隨意交差的把工作做完就好。

當房子建好的時候，老闆把大門的鑰匙遞給他說：「這是我送你的禮物，這是你的房子。」老木匠看了看老闆手中的鑰匙，羞愧的無地自容，他覺得對不起老闆，也覺得對不起自己。

如果他知道這是他在幫自己建造的房子，怎麼會這樣消極的對待呢？其實很多時候，我們都走在老木匠走過的這條路上。我們漫不經心的建造自己的房子，而不是積極的應對。凡事不肯精益求精，在關鍵時刻不想盡最大的努力。等我們驚覺

自己的處境時，早已被困在自己建造的房子裡。

我們為什麼不能把自己當成一個對待自己和別人都富有責任感的人？為什麼不能抱著自己在為自己建造房子的心態，去對待自己的工作？每天敲進去一塊板或者豎起一面牆，用我們的智慧和責任感來好好建造我們人生的房子，我們的人生還會留有遺憾嗎？

「一個人若是沒有熱情，他將一事無成，而熱情的基點正是責任心。」

——列夫‧托爾斯泰

▲ 認真承擔責任，成就自己

相信大家一定都聽過華盛頓砍倒櫻桃樹的故事，這個故事教導我們，做錯事要誠實面對，出來承擔後果。但為何仍有很多成年人還是會逃避責任，逃避自己呢？他們是還沒長大的孩子嗎？

有些朋友當聽到要負責任時，便會全身繃得緊緊、頭痛胸悶，害怕受人評判、害怕面對自己的行動、選擇和欲望作出回應，其原因都是害怕心理。

美國哈佛大學研究證明，大約 20% 的人容易對緊張的情緒和新奇事物過於敏感。在大腦中，負責發出指令和管理恐懼的部分過於活躍，當遇到需要他來負責任或承擔壓力時，他們就會開始感到不安，並表現得相當強烈。這些人總是盡力避免面對這種情況，當無法避免時，久而久之，就真的出現不願承擔與選擇逃避的狀態了。

有些人喜歡在工作中只做個執行者，不願意做策畫指揮；有些人總是讓他的伴侶做問題的承擔者；有些人在與人發生衝突時，總是把所有的錯誤推在別人身上。不論是哪一種，總是給人不負責任、不願承擔的感覺。

其實責任是我們每個人人生中不可或缺的一環，不論你選擇認真面對自己的人生，還是消極的虛度時光，總會需要負責去完成某一件事，即便這是一件小事。

在社會中，我們每個人都在扮演不同的角色，每個人也都在承擔該角色相應的責任。范仲淹「先天下之憂而憂，後天下之樂而樂」的強烈責任感流傳至今，像范仲淹這樣有強烈責任感的人，哪一個人沒有名留千古呢？只要你能認真的承擔責任，你也可以像大禹、范仲淹、諸葛亮、林則徐般成就自己。

責任是一朵含苞待放的花蕾，需要我們用行動去澆灌它，

讓它能夠開花，就讓我們用強大的實際行動，去讓每一朵責任之花燦爛綻放吧！

「儘管責任有時使人厭煩，但不履行責任，只能是懦夫，是不折不扣的廢物。」

——路易斯

行動篇 ➔

　　如果你已經決定從此刻開始，就要學習如何承擔責任，那麼接下來的步驟，應該可以給你一些方向，讓你懂得如何承擔責任：

1. 首先要誠實問自己，是哪些因素造成自己不願意承擔責任，並抽絲剝繭找出那些造成自己不願意承擔責任的原因和由來，然後認真的去解決這些因素。

2. 克服承擔責任的恐懼，每當有任何讓你退縮的念頭時，先跟自己說為什麼不可以？當這種想法冒出來時，你應該反過來想，拿出行動力來推翻它、挑戰它、戰勝它。

3. 勇敢面對承擔責任所帶來的壓力。你可以想著，責任是讓自己成長的營養劑，積極經營生活中的各種責任。雖說責任會隨著年齡成長與我們所扮演的角色而越來越多，但它卻可以向別人證明我們是可靠的、可信的，我們也會發現自己逐漸變得更獨立自主，為超

越個人的目標而努力。

4. 停止對外尋找援助。這是每個人學會承擔責任的另一種好方法，尤其是金錢的援助。當你不再對外尋找援助時，也是你學習獨立的開始。除非你所承擔的問題非得要金錢才能解決，那麼你也必須提出還款計畫，並將所承擔的責任轉化成還款計畫的執行，這樣你的責任才不會因為別人的金錢援助，就以為自己所負的責任已經完成了。

5. 欣賞自己很重要，每次事件發生後，務必要讓自己知道自己為承擔責任所付出的努力，不論成功或失敗，都要不斷的為自己加油，這樣可以成為自己再接再厲的推動力。

如果你能用上述的方式，不斷檢視與反覆練習，你將成為一位有責任心的人。也許每個人在人生不同時期會有不同的責任要承擔，在背負責任的當下，或許你會覺得很辛苦，壓力很重，有些人就會開始選擇逃避或者半途而廢。

在不用負責任的情況下，這些人可以過得無拘無束，至少表面上看起來似乎是過著無憂的生活。然而，真的有人能夠完

全從責任中脫身，毋須承受任何後果嗎？

從事傳直銷事業的朋友們，你們是否也有遇到相同的問題，覺得伙伴太煩人，凡事都要你協助；覺得伙伴太被動，你若沒盯著，他們就可能停下腳步，不往前走；覺得團隊的活動，總是要你去做才會有進度……。有太多的覺得，覺得好煩，有好想放下一切不管的想法。

我曾問過國內一家傳直銷公司的領導人一個問題，我問他在那裡做 15 年了，平均月收入都超過千萬元，為什麼還要繼續做？他的回應很簡單，就是承諾，一句對伙伴的承諾，是他必須負起的責任，就這樣簡單。

每個人都想過隨心所欲的生活，小學生希望可以天天打電玩，不要上學；中學生希望每天談戀愛，不要有升學壓力；大學生希望能賺外快；上班族希望不要看老闆臉色，隨時想翹班就翹班；有孩子的媽希望可以拋夫棄子，到國外好好的放鬆度假……，但是沒有人能這樣過一輩子的。

羅馬不是一天造成的，但總得要有第一步，試著從一小步一小步開始。不只是向前，你還可向左或向右，反正就是找一條適合自己的起步點，即使在路上遇到些小石頭，那就繞點路走，沒什麼大不了的。

　　做人必須要有責任感。當我們在學校裡生活和學習，不僅要對自己的一言一行負責，還要對關愛我們、為我們擔心的父母和老師負責。而作為這個社會的一份子，我們還要學會對國家、對社會負責，而從事傳直銷事業的朋友，要對你的客戶、你的伙伴負責。就讓我們從身邊的每一件小事做起，努力使自己成為一個有責任心的人。

　　去年底我帶老婆到日本仙台滑雪度假時，某日夜裡晚餐後，我在餐廳的男生廁所，聽到隔壁廁所間一直傳來陶瓷碰撞與水被攪動的聲響。由於這個聲音發出得有點久，在好奇心的驅使下，我查看了一下到底是怎麼一回事。

　　這一看使我驚嘆不已，原來隔壁間有一個大約十歲的小男孩正在修理馬桶的沖水系統。經我一問才知道，這個小男孩上完廁所後，因為沖水設備出了點問題，他沒有把大便沖下去，因此千方百計想修復那個沖水設備，而那小男孩的袖子，為了修復沖水設備全都濕了。

　　我心想，這只是一個很簡單的修復動作，於是動手幫了小男孩，當我的手一碰到水箱的水時，水溫冰得我馬上抽回手。我研判當時外面的天氣是零下好幾度，而馬桶水箱的水溫大約也只有幾度，這個小男孩至少修了 10 分鐘，而他的父母當時

並不在身邊。

回到家後，我立刻與女兒、兒子分享這件事，一個只有十歲左右的小男孩，竟然有如此強烈的負責精神，可以說這種負責精神已經滲透到他全身的每個細胞、每根神經、每滴血液，已經完完全全成了習慣。

這讓我想到日本的垃圾分類，可說是全世界做得最徹底的，即便要丟掉的垃圾，都還會用水清洗完後才丟，避免二次污染。這樣的行為是他們從小在家庭習慣中就開始培養的，我想這也是為什麼這個小男孩會為了把自己的大便沖下去的負責行為。

責任心是一種非常重要的素質，是做為一個優秀的人所必須的承擔。最後送大家一句話：「花有果的責任，雲有雨的責任，太陽有光明的責任。世界上萬事萬物都有自己的責任。我們每個人都應該承擔自己的責任，勇敢的承擔，做一個負責任的人吧！」

為自己負責，是增強自己能量的最佳方式，當自己醞釀的力量厚實之後，機會來了才能知道怎麼去把握。

第9章 把握機會

機會無所不在，但要懂得如何把握機會，
才能真正掌握機會。

觀念篇

　　南宋詩人夏元鼎在〈絕句〉一詩中寫道：「踏破鐵鞋無覓處，得來全不費功夫。」一般人把它解讀成「運氣」，我個人卻把它解讀成「機會」，因為即便是運氣好，但若不把握住這樣的好運氣，也會因為它帶來機會流失。

　　在史賓賽・強森博士的暢銷書《誰搬了我的乳酪？》中，他以寓言的方式，藉由兩隻小老鼠和兩個小矮人在迷宮裡找乳酪的過程，來說明人們在面對工作中或生活中的「變化」，所可能會有的反應。

　　書中的乳酪其實是一種譬喻，它可以是我們生命中最想得到的東西，它可以是一份工作、人際關係、金錢財富或是健康。

　　故事一開始，兩隻小老鼠和兩個小矮人都找到乳酪了，大家都覺得很幸福安穩了，日復一日的安心享用自己所擁有的乳酪，並且有許多計畫都是以乳酪為重心設計的，直到有一天，乳酪突然不見了！

　　小老鼠一點也不做多餘的分析，馬上用最笨卻是最有效的

方法，跑進迷宮中再重新找新的乳酪。兩個聰明的小矮人卻不這麼做，他們怨天尤人，分析又討論，就是一點也不行動。他們無法接受這種突如其來的**轉變**，直到其中一個小矮人努力克服自己的怯懦，重新出發去找乳酪，而在過程中，他有了許多醒悟。

這個短短的故事說明了未來有多麼不可靠，尤其在今日多變的社會中，常錯失了當下的機遇，我們根本無從把握現實的走向。唯有當前的這一刻，我們耳聞目睹、親身感受的當下，才是我們唯一可以依賴的。

我對當下的見解，在《志業》一書中曾做了一番解釋與說明，我把當下也看成是一種「機會」。

賈伯斯在他大學時期，發現自己與同學在車庫中研發的電腦雛型大有發展空間，便創立了蘋果公司。他在史丹福大學那場著名的演講中，鼓勵後進者：「順從你的心，把握每一個當下的機會。」

唐朝女子杜秋娘在〈金縷衣〉一詩中寫道：「花開堪折直須折，莫待無花空折枝。」說的也是當機會來臨時，千萬不要猶豫。

中國歷史上有太多人物的故事，都是把握機會的故事。比

如商湯放桀、武王伐紂，都是把握了當下的機遇，最後成為一國之君。而班超投筆從戎、朱元璋投身起義，也是順從自己的心，把握當下的機會表現。

在華人的世界中，近幾年被討論最多，網路上也不斷轉載的文章應屬馬雲最多。原為英語教師的他，看準了電子交易的潛力，毅然轉投創業行列，終於創造了一個奇蹟。

若想要翻身、創造奇蹟，就要把握機會。把握機會已經不是一種觀念了，而是大家都知道、都明瞭的一種行為，就讓我們直接行動「把握機會」吧！

「我們多數人的毛病是，當機會朝向我們而來時，我們卻閉著眼睛。」

——戴爾·卡內基

行動篇

我對「機會」的見解，並不是指運氣，而是一個人藉以實現自我與提升自我的說法。大家常說這個世界不夠完美，人生不夠理想，這些所謂的不完美、不理想，就是一種機會。改善世界的不完美與人生的不理想，就是自己的責任。

在前一章「承擔責任」中，一開始我們就提到：「為自己的生命負責。」不管你願不願意，事實上，負責就是實現自我與提升自我的另一種說法。如果我們從這個角度來看「把握機會」，就可以發現它與我們所謂的成功有著很密切關係。

所以你也可以說，「把握機會」是邁向成功的途徑，而且是你邁向人生成功的方法。只要把握每一次機會，我們就能創造奇蹟，翻轉人生。

機會可以分為自己來找我們的，與我們自己創造出來的兩種，但不論是哪一種機會，重點在於我們知不知道這是機會？能不能掌握得到？

因此，我提供幾項能夠提升你掌握機會敏感度的方法，讓

9 把握機會

你從日常生活中就訓練自己，讓自己不論對哪一種機會，都能夠比其他人更容易發現並把握機會。

一、活在當下

當下的所有一切，是在為我們未來的所有而體驗與創造。腦中只想著過去，於事無補；如果你的心不斷被過去的失敗、錯誤、悲劇所占據，不僅難以「化悲憤為力量」，而且還會繼續忽視眼前的機會。

因此要活在當下，不要勉懷過往，也不要空想未來，機會不會自動上門，這是不切實際的事。我在訓練課程一開始，總是會先要求所有學員要活在當下，也就是把握現在，因為所有成功的人，都是把握現在的人。

二、愛自己

也許現在的你只是一個基層員工，也許現在的你過得並不如意，但是你仍有機會成就一個偉大的人生，活得有尊嚴、有勇氣。珍妮佛‧勞倫斯與勞勃‧狄尼洛在電影《翻轉幸福》中，細膩的描繪出一個出身不好卻很愛自己與家人的女性，因為一個創意與機會而翻轉人生的故事。人一定要有動力，做起事來

才有衝勁，所以你必須先接受現在的自己，欣賞自己，讓自己活得比現在更好、充滿動力，這時你的機會將不斷出現。

三、留意危機

紅色在我們的心理上代表著危險的訊號，但紅色也代表著熱情與活力。當危機出現時，也表示著轉變的機會到來，因此我們要從平常就留意危機，當危機出現時，我們可以訓練自己去思索是否有轉變的機會，或是利用危機的發生點，讓自己變成這個機會的受益者。

當有危機發生時，尤其是發生在我們自己身上的危機時，我們必須放慢腳步，調整情緒，回想過去的經驗中，是否有化解危機的方法？或是讓危機成為自己不應成為退縮的藉口，而應當做為重新出發的準備。

四、設立明確的目標

人不能沒有目標，尤其是不能沒有積極正向的目標。當你有了明確的目標，尤其是人生的目標時，能協助你完成人生目標的機會出現，你自然就會去掌握。所以你一定要設立目標，而且越明確越好，並且要時常想像完成這些目標時你能夠得到

的好處；時常檢視目前你所設定的目標完成度，這樣你自然會
在腦中提醒自己，目標尚未完成。

去思考當機會出現時，能夠怎麼樣協助我完成目標。重要
的是，目標越大，選擇的方式就越有彈性，機會也就會越多。

五、承擔責任、接受挑戰

一個成功的人，願意不斷挑戰自己，即便這個挑戰大過於
自己所能承擔的。只要機會到來，他都願意接受，即便挑戰失
敗，也都是一次難能可貴的經驗機會。

以上幾項建議，雖然有益於我們養成把握機會的敏銳度，
但本書所提到的每一個章節中觀念的養成，都能讓你更懂得去
珍惜每一個可能發生的機會。當我們能比別人更快嗅出機會點
在哪裡，並把握住機會讓自己能翻轉人生，這樣才有機會比別
人更快掌握先機。

「來而不可失者，時也；蹈而不可失者，機也。」

——蘇軾

人生中有太多機會能讓我們**翻轉**、改變現況，但往往都是我們自己不自覺，或不知道如何把握。如果機會永遠只有一次，一旦錯過就不會再出現，現在就是一個好機會，先不考慮你做不做得到的情況下，你會做何選擇？

我在培訓課程「選擇」這一堂課的活動中，一開始都會問學員這個問題，但多數的學員總是等到活動快結束時，才能體會出「所謂的選擇，就是把握每一次的機會。」這個道理。

如果自己來找你的機會只有一次，而且那次機會已經過了，那麼你現在能做的，只剩下自己去創造機會了。以下這八項修練，將是你為自己創造機會的八種功課：

1. 起心動念

2. 建立團隊

3. 做就對了

4. 擬訂計畫

5. 做對事情

6. 運用智慧

7. 拓展人脈

8. 承擔責任

　　沒錯，這就是本書前面幾個章節所提到的八項觀念與行為，只要你能按照我所講的方法去執行，你能改變現況與**翻轉**人生的機會，就會比別人大、比別人快。每一次的機遇與障礙，都能鍛鍊出我們超越自己的態度與成就。

　　我喜歡拿破崙‧希爾所寫的這句話：「Opportunity often comes disguised in the form of misfortune, or temporary defeat.」

　　這句話的字面意思是「機會通常以不幸或一時失敗的假象呈現。」我的解讀是，「機會」會用不同的面貌呈現在我們面前，就看你能否發覺到這是機會。

　　這本書我把它取名為《自業》，是承襲了前面一本《志業》。一般人把多數的工作都當職業在做，鮮少有人把它當作事業在經營，更別說當作志業的概念在付出。

　　職業是指人們為了謀生和發展，而從事相對穩定、有收入的、專門業務的社會勞動。

　　事業是指不斷努力提高工作效率，在職業上**贏**得更多尊重，追求新知識和技能，為行業及專業組織貢獻力量。

志業則是無所求的付出，所需要的是有那種環境及機會讓我們去付出，是真正的人生目標。

簡單一點說，職業是為生活不得不做的工作；事業是為了提升生活品質與行業尊重而去做的工作；志業是無所求回報的付出，只為協助他人或更遠大的理想而做的事。

至於「自業」，是將志業更昇華成自業，也就是整合了職業、事業與志業的概念，將它們全部都轉變成自己的事，既能滿足溫飽自己的職業概念，也能讓自己在這個行業中獲得尊重，成為自己的事業，又能無私不求回報、為產業供獻己力的志業付出，這就是我所謂的「自業」。

這類型的人，在每一次的傳銷公會與傳保會活動中，我總會看到這些人的身影，他們都有一些共同特質，在自己的工作崗位上總是特別突出與賣力，不論他是在哪一個崗位上或是哪一種身分。

這些人總是以身為傳直銷產業的一份子而驕傲，不論外界對傳直銷產業的負面批評聲音有多強烈。他們也總是身先士卒，不求回報為產業盡點心力，儘管傳銷公會與傳保會的活動與公共事務都是無給職的，但這些人總是主動並第一時間就跳出來服務，我想這也是這些人能比其他人更有成就的原因。

　　也許你第一次看到「自業」這個名詞時，會解讀成「作為自己謀生計的事業」，這樣也沒關係，但請你加上「志業」的思維，因為若這份事業只是你謀生計的工具與方法，我想你一定會做得很痛苦；但若這份事業是你真心喜愛的，就請加上「志業」的概念，找一個你所選的事業，做你能貢獻卻沒有任何回報的事，這樣就是我所謂的「自業」。

　　臺南市的正興街因時代變遷，已經沒落了四十多年，而在桃園出生、大學主修心理系的高耀威，從沒想過自己有一天會在臺南開店當老闆，而且是在這麼一條沒落的街道上。

　　他到臺南旅行時，透過走路、鑽巷子的方式認識了這個土地，最後因為單純愛上這個地方的老風格，於是決定在正興街創業。當他開始營業準備期，所有的鄰居都勸他重新選擇與思考創業地點，因為這是個沒有人潮的巷弄，而且距離人潮聚集的鬧區還有好遠一段距離。

　　但他沒有退縮，沒有人潮，反倒是讓他更認識這個地方的好機會。只要沒有人的時間，他總是關上店門，到處串門子，他把每天發生在正興街的大小事，都透過網路散播出去，讓更多沒到過正興街的人，也能瞭解正興街的人、事、物。他甚至創立《正興聞》的雜誌，只為報導正興街上誰家的小孩結婚了、

誰家的小狗過世了……，在別人眼中屬於別人家的小事，在高耀威的眼裡都是大事。

透過這樣的報導，短短的兩年間，正興街成了這幾年觀光客到訪臺南必定尋訪的景點。正興街上沒有特別的美食或是必訪的古蹟，而是因為你對街上生活的人那種既陌生又有點熟悉的感覺，驅使你想去一探究竟。

高耀威，讓一條沒落了四十多年的老街活化，沒有任何的政府或企業支援，有的只是他單純想要幫這條街的無私付出，與這老街上的住戶願意分享家中的真實大小事，讓這些事串連出屬於正興街的故事。有人問他，《正興聞》會一直出版下去嗎？正興街的奇怪活動會一直舉行嗎？他說他沒想過要停止，因為這些都不是為他自己做的，這些都是屬於正興街的。雖然他的店因此而獲益不少，但這並不是他原本就設定好的，他只知道既然選擇在這裡落腳開店，他就是正興街人的一部分，本就應該為這條街做些事。

我把這樣的概念與行為看成「自業」，無求回報的付出與奉獻，卻得到溫飽以外更大的滿足與回報。一個三十出頭的年輕人，活化了沒落四十多年的老街巷，現在的正興街平常日已經擠得水洩不通了，更別說假日和他們舉辦特別活動時。

　　你去過這條街了嗎？你有體驗過很特別的活動了嗎？例如在街上坐著有滾輪的椅子，比賽看誰比較快；在街上大聲狂叫，卻有人為你呼喊加油、為你鼓掌；聽一場年過 80 的阿嬤舉辦的個人出道音樂演唱會……

　　如果你也想參與這些奇怪的活動，我推薦你到這裡走走，試著把自己融入這條街道中，不要只是當一位觀光客，這樣你無法體會高耀威為什麼要這樣做，也無法真正瞭解我所謂的「自業」。

　　把握當下，人生處處是機會，如果你已經流失了好機會，學學高耀威，為自己創造機會吧！

結語

　　本書所介紹的這九大心法，最初必定是由「起心動念」開始，當你清楚自己所想要的目標之後，把這個目標告訴很多人，讓人們能跟隨你所說的目標進而組成團隊。

　　當有了團隊之後，就要做一切能一起達成目標的事情，為此就要擬訂計畫來更快達成目標，但在做的時候也要知道所做之事，是不是對的事情，還是只是把事情做對，這個時候就要運用智慧來解決所遇到的事情，有智慧才能讓事情發展順利。

　　而在團隊逐漸茁壯的過程，也要善用人脈來讓自己的事業與生活都變得更好。從起心動念開始就對自己所選擇的方向負起責任，才能擁有堅強的團隊和堅實的人脈，你在證明給自己看之外，大家也因你的行動和負責而相信你。

　　機會是無所不在的，若你自己已經準備好了，前述的事情都做到了之後，機會來了才不會讓它白白從手中溜走，反而因為你已萬事俱全，機會會帶領你迎風而上！

自業 一生成就，九大心法，開啟被動收入人生

作　　　者／徐國楨
美 術 編 輯／孤獨船長工作室
責 任 編 輯／許典春
企畫選書人／賈俊國

總　編　輯／賈俊國
副 總 編 輯／蘇士尹
編　　　輯／李珮瑜‧高懿萩
行 銷 企 畫／張莉滎‧廖可筠‧蕭羽猜

發　行　人／何飛鵬
出　　　版／布克文化出版事業部
　　　　　　臺北市中山區民生東路二段 141 號 8 樓
　　　　　　電話：(02)2500-7008 傳真：(02)2502-7676
　　　　　　Email：sbooker.service@cite.com.tw
發　　　行／英屬蓋曼群島商家庭傳媒股份有限公司城邦分公司
　　　　　　臺北市中山區民生東路二段 141 號 2 樓
　　　　　　書虫客服服務專線：(02)2500-7718；2500-7719
　　　　　　24 小時傳真專線：(02)2500-1990；2500-1991
　　　　　　劃撥帳號：19863813；戶名：書虫股份有限公司
　　　　　　讀者服務信箱：service@readingclub.com.tw
香港發行所／城邦（香港）出版集團有限公司
　　　　　　香港灣仔駱克道 193 號東超商業中心 1 樓
　　　　　　電話：+852-2508-6231 傳真：+852-2578-9337
　　　　　　Email：hkcite@biznetvigator.com
馬新發行所／城邦（馬新）出版集團 Cité (M) Sdn. Bhd.
　　　　　　41, Jalan Radin Anum, Bandar Baru Sri Petaling,
　　　　　　57000 Kuala Lumpur, Malaysia
　　　　　　電話：+603-9057-8822 傳真：+603-9057-6622
　　　　　　Email：cite@cite.com.my
印　　　刷／卡樂彩色製版印刷有限公司
初　　　版／2018 年（民 107）01 月
售　　　價／360 元
Ｉ Ｓ Ｂ Ｎ／978-986-95232-7-1

城邦讀書花園　布克文化
www.cite.com.tw　www.sbooker.com.tw